AF463830

MEMOIRES DE THOMAS RHOE, AMBASSADEVR DV ROY D'ANGLETERRE AVPRES DV MOGOL, Pour les affaires de la Compagnie Angloise des Indes Orientales.

§. I.

Sa Nauigation jusques à Surat.

OSTRE embarquement se fit à Grauesende, & nous arriuâmes le 5. du mois de Iuin a la rade de Saldaigne, où j'éprouuay que la variation de l'Ayman, que l'on tient estre vne des plus seures methodes pour sçauoir combien on est proche de terre, n'est pas si certaine qu'on l'a croid, & qu'elle ne peut seruir que comme vn auertissement pour se tenir sur ses gardes. En effet, la variation de l'Ayman ne diminuë point proche des terres, dans la proportion qu'elle diminuë lors qu'on en est plus loin. I'en pourrois donner vne raison bien claire, mais elle est d'vne trop longue discution pour la rapporter icy. Enfin, ie ne croy point que par cette methode on puisse s'asseurer d'vne estime à 20. lieuës prés, puis que le mouuement du Vaisseau & celuy de l'aiguille, font que l'on s'y peut aisément tromper d'vn degré.

Saldaigne est vne Isle, à ce que ie croy. Sa pointe qui est vers le Midy, fait le Cap de Bonne-Esperance. Elle est separée de la terre ferme de l'Affrique, par vne Baye profonde du costé du Zudest; & de celuy de l'Est, par vne riuiere que nous auons remarquée de dessus la montagne nõmée la Table, à cause qu'elle est platte par le haut. La terre y est fertile, & couuerte d'vne herbe basse & épaisse. Le continent est coupé par des mõtagnes fort hautes, pleines de rochers couuerts de neige & impenetrables, si ce n'est qu'on y entre en remontant le Rio-dolce. Cette riuiere est fort grande, & se rend dans la mer au costé Oriental de cette Baye. Il y a dans cette Isle 5. à 600. hommes les plus barbares gens du mõde. Ils se nourrissent de charognes, de bestes mortes, & portent entortillez à l'entour de leur col, les entrailles & les intestins de ces bestes, qu'ils croyent seruir beaucoup à cõseruer leur santé. Ils ont le poil frisé comme les Negres. Ils se le frottent de l'ordure de ces bestes, dont la peau leur sert d'habits. Ils en couurent leurs épaules, & mettent

Saldaigne. Tous les autres voyageurs l'appellent la Baye de Saldaigne.

le poil en dedans ou en dehors, selon qu'il fait chaud ou froid. Leurs maisons sont couuertes d'vne espece de natte, & ont la forme d'vn four. Ils les tournent à mesure que le vent change, car l'endroit par où ils entrent ne se ferme point. On ne se plaint plus tant de leurs voleries depuis que nous traitons auec eux. Ils sont sans Religion, & n'ont aucune connoissance de Dieu. L'air de ces quartiers-là est fort sain & fort subtil; les eaux sont aussi fort bonnes, & passent aisément. Cette Isle abonde en Taureaux, en Vaches, en Singes, en Faisans, en Perdrix, en Oyes sauuages, en Canards, & en grand nombre d'autres Oyseaux. Dans l'Isle de Pynguin, l'on en void vne sorte qu'on y appelle des Pynguins. Ils marchent droits sur leurs pieds, ont des aîlerons sans plumes qui leurs pendent comme des manches, barrées ou rayées de blanc, ne volent point, & se cantonnent en vn des coins de cette Isle, sans se méler auec les autres oyseaux.

C'est vn estrange Oyseau, ou pour mieux dire vn Monstre, qui tient de l'homme, en ce qu'il est droit sur ses pieds, de l'oyseau & du poisson. Mais il tient plus de l'oyseau que de tout autre animal, pouuant seruir d'exemple contre la definition de l'homme, que quelques-vns ont definy vn animal à deux pieds, qui n'a point de plumes. On ne fait point de trafic en ce Pays-là, que de bœufs & de moutons, qu'on ne doit prendre que dans la saison où ils sont fort gras, c'est à dire, au temps que le Soleil s'est retiré d'eux, pour retourner du costé du Nord. Il y a de certaines racines qu'ils appellent Maugin, nos Marchands croyent qu'il y a de

L'Arras.

Ie croy fermement y auoir découuert vne roche, qui tient du vif argent & du vermillon, parce que les pierres de cette roche sont par tout marquetées d'vn rouge fort pur, & aussi vif qu'aucune peinture rouge que nous ayons, mais qui s'efface quand il est mis sur du papier. Cette matiere est pareillement fort pesante, & elle brille en quelques endroits comme vne Marcassite; ce qui se rapporte fort à la description qu'Acosta nous a laissé de la nature de cette sorte de mine.

La montagne ou roche nômée la Table.

La table ou la roche ainsi nômée, est de la hauteur de onze mil huit cens cinquante-trois pieds. Il y a beaucoup de Balleines & de Loups marins dans cette Baye. Les Hollandois y sont venus souuent pour en faire la pesche dans l'Isle des Pynguins. Elle est à 33. degrez 45. minutes de hauteur, & a 28. degrez 30. minutes de longitude prise du meridien de Lisart. L'on doute si l'aiguille y varie vers l'Est ou vers l'Oüest : pour moy ie tiens que la variation est de 30. minutes vers l'Oüest, & qu'il y a quelque chose dans les terres qui fait varier l'aiguille, & que c'est de là que viennent les frequens changemens que l'on obserue dans la variation de l'aiguille, en allant depuis le Cabo-falso vers l'Oüest. Si iamais il se rencontre quelques Vaisseaux qui ayent assez de loisir pour découurir les terres vne centaine de lieuës plus vers le Nord, ce qui se peut faire auec facilité, ie suis certain qu'on y trouuera beaucoup de bestail & d'autres marchandises. On pourroit aussi laisser là des gens pour traiter plus auant dans le Pays, & peut-estre qu'ils découuriroient ces Peuples qui ont de l'or, & qui le portent aux Portugais du costé de Cuama. L'on pourroit traiter auec eux de la même maniere que l'on traite auec les Mores de Gago en Barbarie. Il ne faut point s'attendre que les Anglois exilez qu'on a laissez au Cap de Bonne-Esperance, fassent aucune découuerte, ny rien de semblable; mais bien qu'ils se seruiront de la premiere occasion qui se presentera pour retourner en Angleterre. Au reste, ils ne sont pas en vn lieu où ils puissent deuenir meilleurs, & ils ne profiteront pas beaucoup parmy des gens qui sont hommes que par ce qu'ils parlent.

Le texte Anglois porte qu'elle est sous le mesme Meridien que le Cap Augustin.

Molalia est l'vne des quatre Isles de Gomarra Angazesia, Iuanny & Majotta sont les trois autres. Ces trois dernieres sont sous vne mesme ligne, Angazesia est vn peu plus auancée vers le Nord. Molalia à douze degrez 20. min. de lat. Austr. la variation est de 16. degrez 40. minutes.

Angazesia.

Angazesia est au Nort quart à l'Oüest de Molalia, & en est éloignée de sept lieuës. La pointe la plus auancée est sous le 11. degré 55. minutes, & la plus proche de la ligne 11. degrés 6. minutes. C'est la terre & la coste la plus éleuée que j'aye iamais veuë. Elle est habitée par les Mores qui trafiquent de leur bestail & de leurs fruits en diuers endroits de la terre ferme, & aux Isles qui leur sont à l'Est. Ils changent leur bestail & leurs fruits contre des Callicoos & autres sortes de toiles & étoffes de cotton dont ils font leurs habits. Ce Pays est sous la domination de 10. Seigneurs differens. Il est assez abondant en Vaches, Bœufs, Cabrys, en noix de Cocos, en Oranges, & en Citrons. Ils firent des feux lors que nous passâmes, & nous parurent auoir grande enuie de traiter auec nous de nos marchandises, pour en auoir les premiers, parce qu'ordinairement il faut qu'ils les aillent acheter des Habitans de Molalia, où nos Vaisseaux ont coûtume de s'arrester. Cette Nation est fort décriée du costé de la fidelité & de la bonne foy, il y a mesme quelque-temps que les gens de l'équipage du Capitaine Lancaestre y furent trahis; mais peut-estre que la communication qu'ils auront euë depuis auec ceux de nostre Nation, les aura rendus plus traitables & de meilleure foy. Iuanny est située à l'Est de Molalia & de Majotta. Les costes de ces deux Isles sont fort seures. Majotta.

Ces trois Isles ne manquent d'aucune chose necessaire à la vie; mais sur tout, celle de Majotta, comme ie l'ay appris des Arabes trafiquans à Molalia, & des Hollandois qui s'y arrestent quelquefois.

L'Isle Iuanny ne cede de gueres aux trois autres, pour la fertilité de son terroir. Ses Habitans sont gouuernez par vne vieille Sultane qu'ils reconnoissent pour leur Souueraine. Iuany, d'autres l'appellent Iean de Castro.

Molalia est maintenant diuisée sous la domination des enfans d'vn Sultan. Ses trois enfans, deux garçons & vne fille, gouuernent chacun dans vn canton de cette Isle. Le Sultan de qui dépend le canton où nous estions à l'Anchre, tient ses Sujets dans vne si grande seruitude, qu'ils n'oserent pas nous rien vendre sans sa permission. Le Capitaine Keyling enuoya pour cette raison quelques-vns de nos gens dans la Ville, pour demander qu'il luy fust permis de negocier auec eux. Le Gouuerneur nous permit de mettre à terre quarante de nos hommes, auec le Capitaine Nevvport. Ce Gouuerneur nous reçeut, estant assis sur vne natte de paille, accompagné d'enuiron 50. hommes. Son habit estoit d'vne toile rouge & bleuë, qui le couuroit jusqu'aux genoux, les jambes & les pieds nuds, la teste couuerte d'vn turban. Il auoit des truchemẽs qui parloient Arabe, & vn peu Portugais. Le Capitaine Nevvport le regala d'vne petite piece d'Artillerie, & d'vne épée. Le Gouuerneur de son costé luy fit present de quatre Taureaux, & luy donna la permission d'acheter & de vendre, la faisant publier aux Habitans de ce lieu. Il promit mesme d'y faire conduire son propre bestail, adjoûtant qu'il ne vouloit point prescrire aux acheteurs ny aux vendeurs, le prix de leurs marchandises; mais que c'estoit vne chose qu'il laissoit à la discretion des vns & des autres. Il enuoya querir des noix de Cocos, pour en faire present à la compagnie, pendant que de son costé il s'amusoit à mâcher d'vne certaine composition faite d'écailles d'huystres brûlées, & d'vne noix qu'ils appellent Areca, assez semblable à nostre Glan. Cette composition pique sur la langue, elle arreste les defluxions, rafraichit le cerueau, & raffermit les genciues. Elle feroit tourner la teste à ceux qui n'y seroient point accoustumez; elle fait cracher, & à la longue elle teint en rouge les dents de ceux qui en vsent; ce que les plus propres d'entre-eux tiennent pour vn grãd ornemẽt. Tout le mõde de ce païs se sert de cette drogue à toutes les heures du jour, & ne connoist point d'autre remede que celuy-là.

Molalia.

Pour habit il auoit vne toile rouge & bleuë.

De chez le Gouuerneur on cõduisit nos gens en la maisõ d'vn maistre Charpentier. Cette maison estoit bastie de pierre & de mortier. Les murailles estoient enduites de chaux, le toict fort bas, couuert de bardeau, & pardessus de fueilles. La maison estoit au milieu d'vne autre, enceinte faite de roseaux: Leurs jardins sont fermez de mesme. Ils y ont du Tabac & des Platanes ou figuiers d'Adam. Pour nous seruir à disner on mit vne planche sur des Treteaux; & on la couurit d'vne natte fort propre. Les bancs estoient couuerts de mesme. L'on apporta d'abord de l'eau pour lauer les mains dans vne coquille de Cocos, vn plat de bois seruoit de bassin, & pour s'essuyer on presenta de la pleure ou de l'escorce de ces mesmes arbres de Cocos. On leur seruit apres du Rys boüilly, du fruict de Platane rosti qui fut seruy sur vn plat de rys, des poules & de la chair de Cheureau. Leur pain estoit fait de farine de noix de Cocos cuite au four auec vn peu de miel. Le vin de Palmites & le suc du Cocos est leur boisson. I'enuoyay vn de ceux de ma compagnie, & auec luy mon Chappellain vers le Sultan. Il fait sa residence plus auant dans le païs à trois lieuës de Fambone, où ils le rencontrerent. Il les receut auec grande ciuilité, & les retint à sa table, qui fut seruie presque de la mesme maniere que celle du Charpentier. Ils le nomment Sultan Amar-adel, il se dit parent de Mahomet. Ses habits ne differoient gueres de ceux du Gouuerneur, excepté que l'estoffe en estoit plus fine; mais sa maniere & ses façons de faire n'estoient pas accompagnées de tant de bien-seance & de grauité. Il nous fut fort facile de l'enyurer de nostre vin. L'autre Sultan son frere vint auec trois esclaues pour traiter au lieu où estoit nostre vaisseau, ie le vis à loisir: Il auoit apporté vn certificat du Capitaine Sayers, comme il auoit bien traitté les Anglois dans l'estenduë de son ressort. Il est Xerif & Sultan tout ensemble. Il vint à nous auec assez de grauité, & s'offrit de traitter pour du vif argent. Nous luy demandâmes la quantité qu'il en auoit. Il fit response qu'il en auoit pour quatre ou cinq pieces de huict; & en fin ce Sultan & Xerif en vint iusques à nous demander vne paire de souliers.

Ce peuple est Mahumetan, obseruant exactement les anciennes Loix de leur Prophete; & parce que les iours de leur Randam ou Quaresme approchoit, ils faisoient vn grand crime de boire du vin. Ils ne laissent point voir leurs femmes ny leurs Mosquées: ce qui nous parut assez à l'allarme qu'en prit vn de leurs Prêtres. Comme il eut apperceu vn de nos gens qui s'approchoit d'vn vilage, il fit aussi-tost renfermer toutes les femmes, & cria que si nous approchions de la Mosquée ils feroient tirer sur nous. Le Xerif appaisa l'emportement du Prestre, & nous permit ce que l'autre nous deffendoit auec tant de bruit. Il y en a beaucoup parmy eux qui sçauent parler & escrire l'Arabe, quelques-vns aussi ont appris le Portugais à Mosambique, où ils trafiquent auec leurs Ionckes ou Barques de trente ou quarante tonneaux.

Nostre flotte prit là des rafraichissemens; & y fit prouision de bestail choisissant les bestes les plus jeunes; dõt la chair est excellente. Nos gens y trouuerent aussi des moutons d'Arabie, des poules, des noix de cocos, des oranges & des citrons en grande abondance. Les habitans leur donnoient ces rafraichissemens en eschange de toiles, d'épées, de pieces de huict, & leurs fruicts, pour des coûteaux, pour des grains de verre, & semblables merceries.

Vn Vaisseau Marchand de Madagascar chargé d'Esclaues, se trouua à l'Anchre en ce mesme endroit. Le Pilote parloit Portugais, & me dit que du costé de l'Isle de S. Laurens, il y auoit quantité d'Ambre gris & de noix de Cocos. Il auoit vne connoissance particuliere de ces costes; il me fit voir vne Carte marine en parchemin fort bien grauée; quand il eut vû la mienne, il y trouua à redire en plusieurs choses, que ie corrigeay sur son rapport, & particulierement la distance qu'il y a de Soccatora à la coste de la terre ferme, & certaines autres Isles que ma Carte mettoit au Zud de Molalia, m'asseurant qu'elles ne s'y trouuoient point. Il me disoit que son Pays estoit situé depuis le 5. degré 50. minutes, jusqu'au 4. degré: Que le Port du Pays est sous 2. degrez 10. min. de latit. Sept. & est gouuerné par vn Roy. Il m'asseura qu'il y auoit dans ce Port assez d'yuoire, de tinta-roxa, & d'ambre gris, pour la charge d'vn Nauire. Ie ne sçay ce qui l'empescha de me reuenir voir, & de m'apporter, comme il m'auoit promis, vn échantillon de cette tinta-roxa, ou ancre rouge, auec vn dessein de l'entrée de ce Port; car

Fautes des Cartes marines.

j'auois tâché à l'obliger de reuenir par de grandes promesses. Que les Ports qui sont le long de cette coste au Zud de Magadoxa jusqu'à Mosambique, sont tenus par des Seigneurs particuliers, Mahometans de Religion. Ce Pilote me vouloit faire croire que nous y pourrions trouuer de l'or en sable mélé de terre, & de l'argent, dont les Habitans ne faisoient aucune estime. Que les toicts des maisons de Magadoxa estoient dorez. Pour ce qui est des Places qui sont plus auant dans le Pays, il me fit bien voir qu'il n'en auoit pas beaucoup de connoissance; il m'en nomma seulement quelques-vnes qui estoient entre Magadoxa & les terres du Prestre Iean, comme Odela, Mahesa, Rohamy, & Gala; que Odela & Gala sont habitées par des Caffres ou Infideles. Ie ne sçay s'il entend par là les Payens ou les Chrestiens, puis qu'ils comprennent aussi bien les Payens que les Chrestiens & Abyssins sous ce nom. Au regard du Preste Iean, il ne m'en sçeut dire autre chose, sinon que c'estoit vn grand Prince & vn Caphar. Mais pour ce qui est des contrées de Magadoxa jusqu'à Cambaya, il en estoit fort bien informé. Son frere qui estoit venu en sa compagnie, s'estoit trouué au combat des Portugais contre vn de nos Vaisseaux nommé l'Esperance. Il disoit que les Portugais y auoient esté battus, & que trois de leurs Vaisseaux ayans esté brûlez, les autres auoient pris la fuite. Il nous asseura que le Roy de Dabul, animé par cét auantage, auoit armé puissamment, & qu'il auoit pris sur les Portugais les Ports de Chaul, de Damon, & autres Places maritimes. Que pour lors il marchoit du costé de Goa, qui manquoit de viures. I'esperois bien en apprendre dauantage de luy, mais on l'empêcha sous main d'auoir auec moi vne plus longue communication. Le temps que l'on mettroit à reconnoistre ce Pays-là, ne seroit peut-estre pas mal employé; mais ie doute de la disposition des Peuples qui l'habitent, à l'égard de ceux de nostre Nation. Magadoxa.

Le 22. d'Aoust, les vents furent si grands sous les costes de Abad-elcora, & le fonds où nous estions estoit si plein de roches, que ie dois auertir ceux de nostre Nation, que lors qu'ils se trouueront sous cette coste, ils se gardent bien de moüiller les Anchres en cét endroit; car ils les perdroient de nuit, & décendroient si bas qu'ils ne pourroient plus regagner l'Isle: mais si le mauuais temps les obligeoit de jetter l'Anchre, ils doiuent choisir vn lieu qui soit à couuert des vents qui viennent des montagnes. Nous y moüillâmes l'Anchre au second quartier de la Lune; elle se leuoit alors sur l'horison, à heures, & se couchoit à minuit. Ces grands vents soufflent aussi long-temps qu'elle est sous l'horison, & cessent aussi-tost qu'elle commence à paroistre dessus; tellement qu'il faut auoüer que la Lune est la maistresse du temps en ce Pays-là, & qu'il faut obseruer soigneusement son cours & tous ses changemens. Les vents dépendent de la Lune.

Le 23. nous mîmes à la voile, & fûmes moüiller l'Anchre à la rade de Tamara, à 10. brasses d'eau, nous estions à vne lieuë de la Ville; en sorte que la pointe la plus basse, & l'éminence des montagnes qui sont vers l'Est, se trouuoit sur vne mesme ligne auec nostre Vaisseau. Le Sultan qui y fait sa residence, nous fit entendre que les vents qui viennent des montagnes estoient si furieux, que nous aurions de la peine à y demeurer, & que nous ferions mieux d'aller jusqu'à Bayadelicia, deux lieuës plus vers l'Est, où il nous viendroit trouuer. Le Port en est fort commode, & merite le nom d'agreable, à cause des collines dont il est entouré, & qui le mettent à couuert des grands vents: la latitude de ce lieu est de 13. degrez 5. minutes, & la variation 18. degrez 2. minutes. Le fond est de sable blanc, mais plein de roches: c'est pourquoy il faut bien prendre garde aux cables: car si elles les touchent, elles les coupent.

Soccotora est vne autre Isle à l'emboucheure de la Mer-rouge; c'est la Dioscuria ou Dioscorida des anciens. Elle est sous la hauteur de 12. degrez 55. minutes. Vn Sultan appellé Abar-ben-seid y commande, il est fils de Seid-ben-seid, Roy de Fartaque dans l'Arabie heureuse, & luy doit succeder, Soccotora estant com- Soccotora.

me l'appanage des aînez de ces Roys. Le Royaume de Fartaque a son estenduë & sa situation, depuis le 15. degré jusqu'au 18. le long de la coste d'Arabie ; & du costé du Nord, il s'estend vers les montagnes. Il est en paix auec le Grand Seigneur, à qui toute l'Arabie paye tribut, excepté ce Pays-cy, qui n'est obligé à autre chose qu'à luy enuoyer cinq mille hommes quand il les demande, à condition toutefois du costé du Grand Seigneur, de les payer & de les entretenir.

Amar-ben-seid nous dit aussi qu'il y auoit vn autre Seigneur particulier proche de Dozar, qui est sous la protection de la Porte. Ce Sultan de Soccotora fit dresser ses tantes à Baia-delicia, & vint trouuer nostre General, auec vne suite de 300. personnes ; il le receut bien, c'est vn Prince fort sage, comme il nous parut au discours qu'il nous fit, & à sa maniere de gouuerner. Il vit & s'habille comme les Arabes, & est Mahometan de Religion.

Tamara.

La ville de Tamara, où ce Sultan fait sa residence, est assez bien bastie. Les maisons sont crépies de chaux ; tellement qu'en les voyant du Port auec les terrasses de leurs toicts, elles font vne perspectiue assez agreable : mais les dedans ne répondent pas à cette apparence exterieure. Le Sieur Boughton emprunta vn cheual de l'Escurie du Roy, & eust permission d'aller faire le tour de son Palais. Le Roy enuoya vn Sheck pour l'accompagner ; mais Boughton fut bien surpris de trouuer ce bastiment si different de ce qu'il auoit crû. Il n'estoit pas neantmoins si mauuais, qu'vn petit Gentil-hõme d'Angleterre ne s'en pût bien passer. Il entra dans la Mosquée, & il y trouua vn Xerif occuppé aux Ceremonies de sa Religion. Cõme Boughton eût tiré sa monstre de sa poche pour voir quelle heure il estoit, le Xerif s'en vint promptement à luy ; & considerant cette monstre, il n'en pouuoit assez admirer la beauté. On luy seruit pour son dîner trois Poulets & vn peu de Rys, & pour boisson du Cahüé : le Roy luy fit des excuses sur le traitement qu'on luy auoit fait, & luy dit que cette Place ne meritoit pas la curiosité qu'il auoit euë de la voir. Nous vîmes de loin vn Château basti en quarré sur vne mõtagne à vne lieuë de Tamara, où l'on ne voulut point nous permettre d'étrer.

Maison du Sultan de Soccotora.

Habitans de Soccotora.

Il y a quatre Nations differentes dans ce Pays. Les Arabes qui n'en sont pas originaires, mais qui y sont passez auec les ancestres du Sultan qui y regne aujourd'huy, lors qu'ils en firent la conqueste : ceux-là luy baisent la main quand ils se presentent deuant luy. La seconde sorte, c'est vn Peuple traité en Esclaue, qui luy baise les pieds, & trauaille continuellement à son seruice & à preparer son Aloë. Les Bedvvyns qui font la troisiéme sorte, sont plus anciens dans le Pays que ceux que nous venons de dire. Le Roy de Soccotoa a eu de longues guerres auec ces Bedvvyns. Ils viuent dans les montagnes où ils sont en grand nombre, & l'on les laisse maintenant en paix, à condition qu'ils ne remuëront plus, & qu'ils éleueront & feront instruire leurs enfans dans la Religion de Mahomet : ce que neantmoins ils ne font point, & n'ont aucun commerce auec les Arabes. Ie tiens que ces gens-cy sont les anciens Chrestiens Iacobites ; & ce qui arriua à Boughton me confirme dans cette croyance. Comme il alloit à Tamara, il apperceut vne de leurs anciennes Eglises ; la porte en estoit mal fermée, & Boughton auoit grande curiosité d'y entrer. Ce Sheck qui l'accompagnoit, luy dit qu'il y reuenoit des esprits. Cela augmenta la curiosité qu'il auoit d'y entrer, cõme il fit. Il y trouua vn Autel & des Images, & sur l'Autel vne Croix qu'il emporta. Le Sheck luy dit que c'estoit vn Peuple d'vne autre Religion ; & de la maniere qu'il en parloit, il faisoit bien voir qu'il ne prenoit pas plaisir qu'on luy en fit tant de questions. Ie m'imagine que ce Sheck sçauoit bien qu'ils estoient Chrestiens, & qu'il apprehendoit par cette raison que nous ne prissions le soin de les tirer de l'oppression des Arabes.

Bedvvins.

Chrestiens Iacobites.

Vn Geographe Persan dit qu'il y a des Chrétiens dans cette Isle, mais il adjoûte qu'Alexandre les y auoit trãsportez.

La quatriéme sorte de ces Insulaires est vn Peuple grossier, miserable, qui n'a point de demeure arrestée, qui couche le plus souuent dans les bois, tout nuds, défigurez, portant de longs cheueux, qui viuent de racines, qui n'ont point de communication auec les autres à qui la moindre chose fait peur, & qui meine vne vie peu differente de celle des bestes brutes. Ie tiens que ces Sauuages sont les Habitans originaires de cette Isle. La terre en est fort sterile & pleine de montagnes. On y trouue des Bœufs, des Cabrits, & des Moutons, mais en petit nombre. Pour fruits, ils ont des Dattes & des Oranges; il y a aussi vn peu de Rys & de l'Aloë pour toute marchandise. Le Roy auoit du sang de Dragon, de l'Indigo de Lahor, & de la Ciuette; mais il estimoit ces drogues bien cherement, se reseruant à luy seul ce Commerce, & le deffendant au reste de ses Sujets. Il a vne petite Galiotte ou Ionck, auec quelques Rameurs de Suratte qui le seruent à l'année. Ce Prince a connoissance du Preste-Ian, il nous dit que c'est le plus grand & le plus puissant Prince du monde, le mettant au dessus du Grand Seigneur, & du Sophy de Perse. Ils ont en grande veneration les tombeaux où leurs morts sont enterrez. Il y a beaucoup de ces tombeaux dans le Pays; mais leur plus grande deuotion est pour celuy de Serdy Hachim qui est enterré à Tamara. Il fut tué il y a prés de 100. ans par les Portugais. Il leur a apparu depuis, & les auertit, à ce que disent ceux du Pays, de tous les accidens qui leur arriuent. Ils attribuënt au mouuement qu'il fait lors qu'il marche, la force des vents, & luy rendent tout le culte dont ils se peuuent auiser. Ce que j'en ay mis icy, ie l'ay appris des autres qui mirent pied à terre. Pour moy, ie croy que nos Flottes feront mieux desormais de passer de Molalia, droit au Cap de Guarda-fuy, s'y rafraîchir, y attendre le Mousson, & tirer en suite vers Suratte, sans s'arrester à Soccotora. Si quelqu'vn me replique qu'elles manqueroient de rafraîchissemens, ie répondray que les viures que l'on prend à Soccotora, sont fort mal conditionnez, & coustent aussi cher, prix pour prix, qu'en Angleterre, outre qu'il faut aller querir l'eau bien loin, & auec beaucoup de danger; en sorte que nos Vaisseaux y ont perdu souuent de leurs gens. Au Cap de Guarda-fuy, au contraire, toutes choses s'y trouuent en abondance & à bon marché. La rade y est fort seure, & quoy que nous n'ayons pas traité auec ces Peuples, toutesfois il y a toute sorte d'apparence qu'il seroit aisé de le faire.

Serdy Hachim.

§. II.

Son voïage du Port de Suratte à la Cour du Mogol. Sa reception, & les manieres de cette Cour.

LE 26. Septembre, ie mis pied à terre auec le General & les principaux Marchands de nostre Flotte. Le Capitaine Harris fut commandé pour me faire escorte, auec 100. Mousquetaires. L'équipage des Vaisseaux parut en bon ordre quand ie passay, & ils me saluërent de toute leur Artillerie.

Le 15. Nouembre j'arriuay à Brampour. Cette place, selon ma conjecture, est à l'E. de Suratte, & en est éloignée de 223. miles. Le Pays est pauure, & peu habité. Ses Villes & ses Villages sont basties de terre; si bien qu'on n'y trouue pas vne maison raisonnable. Le mesme iour j'arriuay à Baterpore, qui est vn village éloigné de deux miles de Brampour. C'est l'Arsenal du Mogol, j'y vis des pieces de fonte de diuers calibres, mais generalement trop courtes & trop pauures de métail. Kutevval vint au deuant de moy, accompagné d'vne grande suite, & precedé de 16. Drappeaux que l'on portoit à la teste de sa trouppe. Il me conduisit jusques à Serralia, où l'on auoit marqué mon logement. Il me quitta à l'entrée de la place; ie n'y trouuay point d'autre logement que quatre petites chambres, ou plustost quatre fours, car elles en auoient la figure, à cause de leurs voûtes basses qui touchoient quasi au plancher, comme celles des fours de nos quartiers. Cette demeure me sembla estrange; mais j'eus recours à mes tentes que ie fis dresser,

Purchas marque icy qu'il a osté de cette Relation, ce qui se passa à Suratte.

Kutevval signifie le Magistrat de la Police, ou Lieutenant Ciuil.

l'enuoyay dire à Kutevval que ie voulois partir à l'instant, & me plaignis de la maniere dont on me traitoit. Il me pria d'auoir patience jusqu'au lendemain matin. Sultan Peruies, le second fils du Roy, reside en cette Place, comme Lieutenant de son pere, auec Chan-Canna, le plus puissant des Sujets du Mogol. Il est General de ses Armées, & a tousiours auprés de luy 4000. Cheuaux. Le Prince a bien le titre & le train d'vn General, mais Chan-Canna en a toute l'authorité.

Sultan Parues. Le 18. j'allay voir le Prince, & luy portay vn present. Ie le fis pour plusieurs raisons: car j'estois bien aise de voir les manieres de cette Cour, & ie croyois qu'il importoit de m'asseurer de sa faueur, pour le dessein que j'auois d'y establir vne Factorie. I'auois trouué par experience, que nos lames d'épées se vendroient fort bien dans son Armée. Kutevval me mena à l'Audiance, ie trouuay cent Caualiers qui attendoient le Prince pour luy faire la reuerence, & qui faisoient haye des deux costez de l'entrée de son Palais. Le Prince estoit dans la seconde Cour, sous vn Daix, & vn tapis deuant luy, dans vn équipage de grand Seigneur, mais d'vn grand Seigneur Barbare. Comme ie m'auançois vers luy à trauers du peuple qui faisoit haye des deux costez, l'vn de ses Officiers vint au deuant de moy, & me dit qu'il falloit que ie baissasse la teste jusques à terre. Ie luy répondis que ma condition me dispensoit de cette maniere seruile, de salüer son Maistre. Ainsi ie m'auançay jusques à la ballustrade, & au pied d'vne estrade de trois degrez. Ie m'arrestay là pour luy faire la reuerẽce. Il me fit vne inclination de corps. I'entray en suite dãs la ballustrade, où ie trouuay tous les principaux Seigneurs de la Ville, dans vne posture & dans vne soûmission d'esclaues. Le Daix qui couuroit cette place estoit fort riche, & le bas estoit couuert de beaux tapis. Quand ie fus entré, ie ne sçauois où ie deuois prendre place: mais dans ce doute, ie me presentay droit deuant luy: Son Secretaire estoit sur les degrez d'vne seconde estrade, sur laquelle ce Prince estoit assis comme vn Roy de theâtre. Ie luy exposay que le Roy d'Angleterre m'ayant enuoyé pour Ambassadeur auprés du grand Mogol son pere: & passant par vn lieu où il estoit, j'auois crû estre obligé de luy faire la reuerence. Il me répondit que j'estois le tres-bien venu, & me fit plusieurs questions sur le sujet du Roy mon Maistre; ausquelles ie répondis selon que ie jugeay à propos. Mais me trouuant de cette maniere placé au bas, ie luy demanday permission de monter les degrez, & de le pouuoir entretenir de plus prés. Il me répondit, que si le Roy de Perse & le grand Turc estoient là, ils n'y seroient pas admis. Ie repliquai, que ie meritois en cela quelque excuse, puis que ie ne doutois point qu'en semblables rencontres il n'eust esté au deuant d'eux jusques à la porte, & qu'enfin ie ne pretendois point d'autres traitemens que ceux qu'il fait aux Ambassadeurs des Princes qu'il m'auoit nommés, puis que ie ne deuois leur ceder en quoy que ce fût. Il m'asseura que j'estois traité comme eux, & que ie le serois en toute sorte de rencontre. Ie demanday en suite vne chaise. On me répondit, que iamais personne ne s'estoit assis en ce lieu; & l'on m'offrit comme par vne grace particuliere, la liberté de m'appuyer contre vne colomne couuerte de placques d'argent, qui soûtenoit son Daix. Ie luy demanday la permission d'établir vn magazin dans sa Ville, & d'y tenir des facteurs. Il me l'accorda, & donna ordre sur le champ au Buxy, de dresser les Patentes pour faire receuoir mes gens, & pour y pouuoir établir leur residence. Ie le priay aussi de donner ordre qu'on fist trouuer des voitures pour les presens que j'allois porter à son pere. Il en donna la charge à Kutvval, receut de bonne maniere les presens que ie luy fis; & apres quelques questions, me dit que pour me satisfaire, il me receuroit en vn autre lieu, où ie pourrois estre plus proche de luy: ce qu'il ne me pouuoit pas accorder alors. Entre mes presens, il y auoit vne caisse pleine de bouteilles de vin; & j'appris apres auoir attendu quelque-temps, qu'il ne me pouuoit tenir sa parole; parce qu'il s'estoit enyuré de mon vin. En effet, vn de ses Officiers me vint faire excuse de sa part, & me prier de remettre

ma

ma visite à vne autre fois. La nuit de ce jour-là, la fiéure me reprit.

Le 6. Decembre, nous passâmes la nuit dans vn bois qui n'estoit pas fort éloigné du fameux Chasteau de Mandoa. Il est situé sur vne montagne escarpée, & toute close de murailles, qui ont bien sept lieuës de circuit. Ce Chasteau est beau, & d'vne grandeur estonnante.

Le 22. Edoüard Terry vint au deuant de moy accompagné de Thomas Coriat, qui auoit fait le voïage d'Angleterre aux Indes, toûjours à pied. A cinq cosses de là, nous trouuâmes sur vne montagne la ville de Chitor, dont la grandeur paroist encore dans les ruïnes dans lesquelles elle a esté enseuelie. On y void les restes de quantité de Temples bastis superbement de pierre de taille, plusieurs belles tours, quantité de colomnes, vn grand nombre de maisons, dont il n'y en a pas vne d'habitée. Il n'y a qu'vn endroit par où l'on y puisse monter, encore est-ce par vn precipice. On passe en montant quatre portes, auant qu'on arriue à celle de la Ville, qui est magnifique. Le sommet de la montagne à huit cosses de circuit; & du costé du Zudoüest, il y a vn vieux Chasteau qui est assez bon; ie logeay dans vn petit Village qui est au pied de la montagne. Cette Ville est dans les Estats du Prince Ranna, qui est nouuellement soûmis au Mogol; ou plustost qui a reçeu de l'argent pour se dire son tributaire. Eckbarsha pere du Mogol d'aujourd'huy, a fait cette conqueste. Ville de Chitor.

Ranna vient en ligne directe de Porus ce fameux Indien, qui fut vaincu par Alexandre. Pour moy, ie crois que la Ville de Chitor a esté autrefois la residence de Porus, quoy que Delly, qui est bien plus auancée vers le Nord, ait esté la Capitale de ses Estats. Delly n'est maintenant fameuse que par ses ruïnes. Proche de la Ville, il y a vne colõne qui fut mise par Alexandre, auec vne longue inscription. Le Mogol d'aujourd'huy & ses ancestres, qui descendent de Temurlam ont ruïné toutes les Villes anciennes, & ont deffendu de les rebastir. Ie ne sçay par quelle raison, si ce n'est qu'ils ayent voulu abolir la memoire de tout ce qu'il y a eu de plus grand & de plus ancien que la puissance de leur Maison. Ranna Prince de la race de Porus.

Le 23. j'arriuay à Asmere, à 209. cosses de Brampour, qui font 418. miles d'Angleterre. Les cosses sont plus longues en ces quartiers-là que vers la coste.

Le 10. Ianuier, j'arriuay à la Cour à 4. heures apres midy. Ie fus au Durbal, qui est le lieu où le Mogol donne Audience aux Estrangers & à ses Sujets. Il y donne aussi les ordres pour le gouuernement de ses Estats. Deuant que de vous décrire ma reception, ie diray quelque chose des façons de faire de cette Cour. Il n'y a que les Eunuques qui entrent dans les Apartemens du Roy. Ses femmes y font la garde armées de toutes sortes d'armes. Tous les matins le Mogol se presente à vne fenestre tournée vers l'Orient, appellée le Iarneo. Elle a veuë sur vne grande place qui est deuant la porte de son Palais, où tout le peuple se rend pour le voir. Sur le midy il y retourne, & y demeure quelque-temps pour voir les combats des Elephans & des bestes sauuages. Les personnes de condition de sa Cour sont au dessous de luy sur vn échaffaut. Au sortir du Iarneo, il se retire dans les appartemens des femmes. Apres midy il y retourne, & sur les huict heures. Apres soupper il descend au Gouzelcan, qui est vne grande Cour, au milieu de laquelle il y a vn trône éleué de pierre de taille, sur lequel il s'assied, ou bien sur vne chaise qui est à costé du throsne. Il n'y a que des personnes de grande qualité qui y soient admises; mêmes entre celles-là il n'y en a pas vne qui y ose entrer sans y estre appellée. On n'y parle point d'affaires d'Estat, & elles se traitent toutes au Durbal, ou au Iarneo, comme nous auons dit. Les resolutions les plus importantes, se prennent en public, & s'enregistrent de mesme. On peut voir ce Registre pour vn teston, si on en a la curiosité. Ainsi le menu peuple sçait autant des affaires du Prince que ceux de son Conseil, & chacun se dõne la liberté de les examiner & cẽsurer selon son sentimẽt. Tous les iours se passent de la mesme ma- Cour du Mogol.

niere. Le Prince ne mãque point à se trouuer en ces lieux, s'il n'est yvre ou s'il n'est malade. Encore dans ces rencõtres, faut-il qu'il le fasse sçauoir. Ses Sujets sõt bien ses esclaues ; mais de son costé, il est obligé enuers eux, de s'assujettir à ces heures, & d'obseruer ces coustumes si precisément, que s'il auoit manqué vn iour à se faire voir, sans rendre raison de ce changement, le peuple se soûleueroit, & il n'y a rien qui le puisse excuser s'il y manque deux fois de suite. Quand la necessité l'y oblige, il faut qu'il fasse ouurir ses portes, & qu'il se montre à quelques-vns d'entr'eux pour satisfaire les autres. Le Ieudy, il rend ses Iugemens au Iarneo. Il entend patiemment les plaintes des moindres de ses Sujets, & prend quelquesfois trop de plaisir à voir les supplices des criminels, qui sont executez par ses Elephans. Mais pour en reuenir à ma premiere audiance, ie fus conduit au Durbal. A l'entrée de la premiere ballustrade, deux de ses principaux esclaues vinrent au deuant de moy pour me conduire à l'audience. I'auois demandé la permission de luy rendre mes respects & mes soûmissions, à la maniere de mon Pays. On me l'auoit accordé. En entrant dans la premiere ballustrade, ie fis vne reuerence ; dans la seconde, vne autre ; & vne troisiéme, quand ie me trouuay au dessous du lieu où estoit le Roy. Ce Durbal est vne grande Cour, où toutes sortes de gens se rendẽt. Le Roy est assis en vne petite gallerie ou loge, éleuée au dessus du rez de chaussée de la Cour. Les Ambassadeurs, les premiers de son Estat, & les estrãgers de cõdition, sont admis dans l'enceinte d'vne ballustrade qui est au dessous du lieu où il est. Le plan de cette ballustrade est éleué vn peu plus haut que le reste de la Cour ; & tout l'espace qu'elle enferme, est couuert par le haut de grandes pieces de velours, & le plancher de beaux tapis. Les personnes de cõdition mediocre sont dans la seconde ballustrade. Le peuple n'y entre point, & est dans vne Cour plus basse ; mais disposée en sorte, qu'ils peuuent tous voir le Roy. Cette maniere de seance a beaucoup de ressemblance à vn theâtre. Les principaux de son Estat y sont placez comme les Acteurs d'vne Comedie sur vne Scene, & le peuple plus bas comme dans le parterre. Le Roy preuint mon Interprete qui estoit fort grossier, & me dit ; Tu sois le bien-venu, traitant dans la suite du discours le Roy d'Angleterre de frere. Ie luy presentay les Lettres du Roy mon Maistre, traduites en la langue que l'on parle dans les Estats du Mogol : ma Commission qu'il examina curieusement, & enfin, les presens qui furent fort bien reçeus. Il me fit quelques questions ; & me témoignant estre en peine de ma santé, il m'offrit son Medecin, & me conseilla de garder la maison jusques à ce que j'eusse repris mes forces. Que si dãs ce temps-là j'auois besoin de quelque chose, ie pouuois librement le luy faire sçauoir, auec asseurance qu'elle me seroit accordée. Il me licentia auec plus de demonstrations de faueur, qu'il n'en ait iamais fait aux Ambassadeurs du Turc, du Persan, ny de quelqu'autre Prince que ce soit. Au moins, les Chrestiens qui estoient là presens, en faisoient ce jugement. Le 14. j'enuoyay vers le Prince Sultan Coronne son troisiéme fils, selon le rang de la naissance, mais le premier dans la faueur du pere. Ie luy fis sçauoir que ie souhaitois de luy rendre visite, ne doutant point qu'il ne me dût receuoir selon ma qualité. Ie crûs estre obligé de faire demander l'Audience en ces termes, car j'auois esté aduerty qu'il estoit ennemy de tous les Chrestiens. Il me répondit que ie serois le bien-venu, & que ie receurois de luy les mesmes satisfactions que j'auois reçeuës de son pere. Il est Seigneur de Suratte, nostre principale residence ; & pour cette raison, il importoit beaucoup d'auoir sa bien-veillance & son appuy.

Audiance de Rhoë.

Le 22. ie luy rendis ma visite sur le midy, qui est le temps auquel il donne Audiance, & se fait voir aux gens de sa Cour. Il est fier de son naturel, & j'apprehendois pour le traitement qu'il me deuoit faire. Ie ne sçay quelle rencontre l'empescha de venir ce jour-là au Durbal ; mais si-tost qu'il sçeut mon arriuée, il enuoya vn de ses principaux Officiers au deuant de moy. Cét Officier me conduisit dans vn lieu où personne auant moy n'auoit esté admis, & m'entretint sur le sujet de mes affaires durant vne demie-heure, en attendant que le Prince fust visible. Il suruint comme nous parlions, il me traita encore mieux qu'il ne m'auoit promis. Ie luy fis vn present, que j'accompagnay d'excuses, que le Roy mon Maître ne sçauoit pas qu'il fust Seigneur de Suratte, mais que ie ne doutois point que sa Majesté ne luy en enuoyast vn digne de luy : que pour celuy-là, ie le priois de le receuoir comme vn respect que luy rendoient les Marchands, qui se recommandoient à sa faueur & à sa protection. Il le receut en bonne part ; ie luy fis en suite quelques plaintes du mauuais traitemēt que ses Officiers nous auoient fait à Suratte, & luy dis que le respect que j'auois pour luy m'auoit empesché d'en faire mes plaintes au Roy son pere. Il me promit d'en faire vne prōpte justice, & d'establir nostre seureté dans cette place, en nous accordant toutes les conditions que nous pouuions souhaiter de luy, m'asseurant qu'il ne sçauoit rien de ce qui s'estoit passé, que ce qu'il en auoit appris par le moyen d'Asaphchan qui l'en auoit informé ; sur tout, qu'il ne sçauoit rien du commandement qu'on nous auoit fait de partir de la Ville : qu'il falloit que le Gouuerneur l'eust fait de son chef, & qu'il luy en répondroit. Sur cela, il me congedia, & me laissa tout plein d'esperance, qu'il r'establiroit la reputation de nos affaires ; que ces mauuais traitemens nous auoient fait perdre à Suratte ; & cela par le moyen d'vn Firman qu'il me promettoit.

Le 24. ie fus trouuer le Roy au Durbal; Comme il me découurit de loin, il me fit signe de la main que ie n'auois que faire de demander audiance, & que ie pouuois sans autre façon m'approcher de luy. Il me fit donner place au dessus de tous ceux qui y estoient. I'ay tousiours crû depuis, me deuoir conseruer la possession de cette place. La coustume est, que tous ceux qui ont affaire à luy, luy doiuent faire quelque present. Ceux qui ne peuuent pas en approcher, luy enuoyent leurs presens, & les luy monstrent, les éleuant au dessus de leurs testes, quand le present ne vaudroit pas plus d'vn écu. Ie luy fis donc vn petit present, qu'il considera auec beaucoup de curiosité ; & apres m'auoir fait plusieurs questions sur le sujet de ce present, il me demanda ; Que voulez-vous de moy ? Iustice, luy répondis-je, sur l'asseurance du Firman que vostre Majesté a enuoyé en Angleterre au Roy mon Maistre. Il n'a pas seulement donné permission à ses Sujets, de faire vn si long & si dangereux voïage, & d'apporter leurs biens & leurs marchandises dans vos Estats, il m'a encore enuoyé exprés vers vostre Majesté, pour luy témoigner la joye qu'il a de l'amitié qui cōmence à s'establir si heureusement entre deux Nations si puissantes. Cependant ie trouue que les Anglois qui sont à Amadabas, reçoiuent tous les iours mille mauuais traitemens en leurs personnes & en leurs biens. Le Gouuerneur de ce lieu leur impose des charges extraordinaires, leur fait des auanies, les met dans les prisons. En chaque ville de ce Gouuernement on leur fait payer de nouuelles Doüanes des marchandises qu'ils portent à Suratte, & cela contre toute justice & contre les articles du commerce arrestez cy-deuant. Il me répondit qu'il en estoit fasché, qu'il y apporteroit remede, & donna ordre sur le champ pour deux Firmans fort exprés & dressez en la maniere que ie pouuois desirer : L'vn s'adressa à Amadabas pour nous faire rendre l'argent que le Gouuerneur auoit tiré de Mre Kerridge, & pour luy faire sçauoir qu'il eut à traiter nostre Nation auec plus de douceur.

Le second portoit, que l'on ne nous demandast d'oresnauant aucune Gabelle ; & que si l'on nous en auoit fait payer aucune par le passé, on eût à nous rendre ce que l'on auroit exigé de nous, & nous satisfaire. Il adiousta que si le Gouuerneur n'y apportoit promptement remede, ie luy en fisse de nouueau mes plaintes, & qu'il enuoyeroit exprés sur les lieux vers le Gouuerneur pour luy en faire rendre raison. Ie fus congedié là dessus : Le premier iour de Decembre, ie fus voir vne maison de plaisance, que Asaphchan auoit donnée au Roy. Elle est à deux miles d'Asmere entre deux roches fort hautes, qui la couurent tellement

Maison de plaisance.

du Soleil, qu'à peine y trouue-on vn endroit d'où on le puisse voir. La roche taillée en quelques endroits, sert de fondemēt & de muraille; le reste est de pierre viue auec vn petit jardin qui a cinq fontaines & deux grands estangs, dont l'vn est de 30. marches plus éleué que l'autre. Le chemin pour aller à cette maison, est fort estroit, & vne ou deux personnes tout au plus y peuuent passer de front. Ce chemin est fort roide & ferré, c'est vne solitude tres-agreable & tres-seure. On n'y trouue point d'autre compagnie que celle des Pans sauuages, des Tourterelles, & autres oyseaux & des Singes, que l'on void de tous costez sur les pointes de ces rochers.

Feste du Nou-roux.

Voyez le discours sur le voyage par en haut.

Le 2. de Mars dés le soir, on commença la Feste du Nou-roux. Ils ont coûtume de solemniser par cette Feste, le commencement de leurs années. La ceremonie s'en fait ordinairement à la premiere nouuelle Lune de l'année. Les Persans font le mesme iour vne semblable ceremonie. Nou-roux en leur langue signifie neuf iours, parce qu'anciennement cette Feste ne duroit pas dauantage; maintenant elle dure dix-huit iours. On auoit éleué vn thrône quatre pieds plus haut que la Cour du Durbal: l'espace d'entre ce trône & le lieu par lequel le Roy doit entrer, est vne estrade de 56. pieds de long, & de 43. de large, fermée de ballustrades des deux costez, & couuertes de draps d'or, de soye, & de velours, joints ensemble, & qui estoient soustenus par de grosses cannes reuestuës de mesme estoffe. Au bout de cette place, estoient les portraits du Roy d'Angleterre, de la Reyne, de Madame Elizabeth, des Comtesses de Somerset & de Salisberry, & celuy de la femme d'vn Bourgeois de Londres. Au dessous de ces portraits, estoit celuy du sieur Thomas Smith Gouuerneur de la compagnie des Indes Orientales. On auoit estēdu sur cette estrade des tapis de Perse d'vne grande largeur. Dans cette place estoient toutes les personnes de qualité de la Cour, excepté fort peu qui estoient dans vne autre petite espace, enfermé de mesme d'vne ballustrade, mais tout deuant le trône du Prince pour receuoir de plus prés ses commandemens. Dans cette petite place, on auoit mis en parade plusieurs curiositez de prix, & entr'autres vne maison d'argent. Du costé gauche, estoit le pauillon du Prince Sultan Cosronroë; les pilliers qui le soustenoiēt estoient couuerts d'argent, comme aussi ceux qui estoient proche du trône du Roy. La forme de ce thrône estoit quarrée, les quatre pilliers portoient vn Daix de drap d'or; la frange ou crépine de ce Daix, estoit enfilée de perles fines, & d'espace en espace il y auoit des Grenades, des Poires, des Pommes, & autres fruits d'or massif. Le Prince estoit assis sur des coussins couuerts de perles & de pierres precieuses. Les premiers de sa Cour auoient dressé leurs tentes le long de la Cour du Durbal. La plus grande partie de ces tentes estoient de taffetas, les autres de damas, & quelques-vnes couuertes de drap d'or, mais en petit nombre. Ils étallent toutes leurs richesses sous ces tentes. Le Roy anciennement auoit accoûtumé d'entrer dans chaque tente, & d'y prendre ce qu'il luy plaisoit. Maintenant il reçoit en sa place, les presens & les estreines que chacun des grands luy porte. Il paroist en public, & vient au Durbal à son heure ordinaire, & s'en retourne de mesme. On luy fait là toutes sortes de presens; & quoy qu'ils ne soient pas peut-estre si grands qu'on vous l'a rapporté autrefois, ils ne laissent pas d'estre beaucoup au dessus de tout ce qui se pratique ailleurs. Le Roy en recompense des presens qu'il a receu, auance ses Courtisans dans les charges qui sont vacantes, & augmente les appointemens qu'il leur donne.

Le 12. j'allay à l'audiance du Roy, où ie luy fis mon present qu'il attendoit, & qu'il receut auec beaucoup de satisfaction. Il commanda qu'on me fit entrer dans sa ballustrade, afin que ie peusse estre plus prest de luy. Mais comme on ne me permit pas de monter sur l'estrade où estoit son trône, ie n'en voyois qu'vne partie, à cause que la ballustrade qui le fermoit par deuant estoit haute, & couuerte de tapis. Ie ne laissay pas à la fin d'en voir la partie la plus enfoncée. On ne peut pas dire que le dedans ne fust richement paré; mais il l'estoit de tant de diuerses pieces, & qui auoient si peu de rapport l'vne à l'autre, que ce mauuais ordre en diminuoit beaucoup l'éclat. Il sembloit qu'ils eussent pris a tâche de monstrer en ce lieu tout ce qu'ils auoient de plus riche, sans considerer si ces pieces deuoient estre mises en parade en vne semblable Feste. L'apresmidy, le fils de Ranna son nouueau vassal, se presenta deuant luy auec beaucoup de ceremonie, se mettant à genoux trois fois, & frapant la teste contre terre. Son pere l'auoit enuoyé auec vn present. On le fit entrer dans la petite ballustrade. Le Roy en le remerciant, luy pressa la teste entre ses bras. Son present estoit vne grande caisse toute d'or; on le mena en suite vers le Prince. On fit paroistre ce jour-là quelques Elephans, & quelques courtisannes finirent la réjouyssance de cette Feste par leurs sauts & par leurs danses.

Le 30. sur le soir, ie fus au Guzalcan, qui est le lieu le plus propre pour parler d'affaire; ie menay auec moy l'Italien, estát bien resolu de ne demeurer pas dauátage dans l'incertitude où j'estois, mais d'apprendre du Roy mesme ce que ie deuois attendre, ayant esté tousiours jusques alors remis & refusé. On me fit entrer auec mon vieil Agent ou Facteur: pour mon Interprete, on ne luy permit pas d'entrer, & cela par l'addresse d'Asaphchan qui auoit peur que ie ne disse quelque chose qu'il n'auoit pas enuie d'entendre. Quand ie me presentay deuant le Roy, on me fit place vis-à-vis de luy. Il m'enuoya demander plusieurs choses sur le sujet du Roy d'Angleterre, & du present que ie luy auois fait le iour precedent. Ie répondis à quelques-vnes, mais enfin ie leur fis entendre que ie ne sçauois pas assez bien parler Portugais, pour satisfaire à sa Majesté sur ses demandes, si l'on ne faisoit entrer mon Interprete qui estoit dehors. On le fit entrer mal-gré Asaphchan, ie luy commanday de dire au Roy que ie desirois l'entretenir. Il répondit qu'il m'entendroit volontiers: le fils d'Asaphchan ne luy en laissa pas dire dauantage, & le tira par force. Cependant que ceux de sa faction s'estans mis deuant moy, m'empeschoient de me faire voir du Roy, & mon Interprete d'en approcher. Ie commanday à mon Interprete d'éleuer sa voix, & de dire au Roy, que ie luy demandois audiance. Il le fit, ie fus appellé, & ils furent obligez de me faire place. Asaphchan estoit à vn des costez de mon interprete, & moy à l'autre. Cependant que ie luy faisois entendre ce qu'il deuoit dire, Asaphchan taschoit de l'embarrasser en l'interrompant: ie luy commanday de dire qu'il y auoit deux mois que i'estois en cette Cour; que i'auois passé l'vn de ces mois dans vne maladie fascheuse; que l'on m'auoit fait passer l'autre en ceremonie, & que cependant on n'auoit rien executé des choses pour lesquelles le Roy mon Maistre m'auoit enuoyé; qui estoit de conclure vne constante amitié entre les deux Nations, d'establir la seureté du commerce, & de la residence des marchands Anglois qui y viendroient trafiquer. Sa response fut que la chose m'auoit desia esté accordée. Ie repliquay qu'on me l'auoit accordée en effect, mais auec des conditions, ou onereuses, ou mal expliquées; & que la chose estant de cette importance, il en falloit mieux expliquer tous les articles, & les faire executer par quelque autre voïe que celle des firmans, qui sont des ordres qui se donnent de iour à autre, & qui aussi sont executées selon les temps. Il me demanda quel present ie luy apporterois, ie luy respondis que nostre trafic ne faisoit encor' que de commencer; qu'il estoit mal establi, mais qu'il y auoit quantité de curiositez dans nos païs que le Roy luy enuoyeroit, & que les marchands en feroient chercher de tous costez, s'il leur accordoit auec sa protection vn commerce tranquille & asseuré: Que cette protection leur estoit fort necessaire, puis qu'ils auoient esté mal traittez en plusieurs rencontres: Il me demanda de quelles sortes de curiositez i'entendois parler, si c'estoit de diamans ou de quelques autres pierres precieuses. Ie luy repliquai que ie ne croyois pas que ces sortes de curiositez qui venoiét d'vn païs dót il estoit le maistre, fusset propres pour luy faire vn preset; que ie tâcherois de trou-

Audiance au Guzalcan.

uer pour sa Majesté les choses qui n'auoient point encore esté veuës dans ses Estats; comme d'excellentes peintures, de belles sculptures, & de belles figures de fonte ou de pierre; de belles broderies, de riches estoffes d'or & d'argent. Il dit que cela estoit bien, mais qu'il aimeroit mieux vn cheual Anglois; Ie luy respondis qu'il estoit impossible de le faire venir par mer, & que par terre le Turc ne le permettroit pas; Il me repliqua que la chose n'estoit pas impossible par mer: Ie luy exposay la difficulté qu'il y auoit à cause des tempestes & de la longueur de la Nauigation; il me dit que si l'on en mettoit six dans vn vaisseau, il s'en pourroit sauuer quelqu'vn; & que quand mesme il seroit fort maigre, on troueroit bien le moyen de l'engraisser. Ie continuay de luy dire que ie ne croyois pas que cela peût reüssir, & que neantmoins pour satisfaire sa curiosité i'escrirois en Angleterre, & que l'on en feroit l'experience. Il me demanda ce que ie voulois de luy; ie luy dis que ie le voulois prier qu'il luy pleût m'accorder quelques conditions raisonnables, que ie croyois necessaires pour mieux establir nostre ligue, la seureté de nos persõnes, & la liberté du cõmerce de ceux de nostre Nation; que cela leur estoit tout à fait necessaire apres auoir esté si souuent mal traittez; que la chose ne pouuoit pas demeurer en cet estat; que ie n'entrerois point dans le detail de ce qui s'estoit passé, esperant que par d'autres moyens on y mettroit ordre. A ces mots Asaphchan s'auança pour pousser mon interprete, mais ie le retins, luy laissant seulement la liberté de le menacer par signes. Le Roy se mit en colere, dit qu'il vouloit sçauoir qui nous auoit fait tort, & cela auec tant de furie, que ie creus ne deuoir pas l'exciter dauantage. Ie commanday à mon interprete, en mauuais Espagnol, de dire que ie ne voulois point importuner sa Majesté pour les choses qui s'estoient passées, mais que ie m'addresserois au Prince son fils pour en tirer justice, ne doutant point qu'il ne fust fort bien intentionné enuers nous, & fort disposé à nous la faire. Le Roy n'attendit pas que mon interprete eust acheué, mais comme il nommoit son fils, il s'imagina que ie me plaignois de luy, il repeta deux fois *mio filio, mio filio*, & le fit appeller. Il vint en fin, la peur & la sumission estoient peintes sur son visage. Asaphchan trembloit aussi, & tous ceux qui estoient presens estoient fort estonnez. Le Roy traita fort mal le Prince qui s'excusoit du mieux qu'il luy estoit possible. Pour moy connoissant l'equiuoque que le Roy auoit prise, ie luy fis entendre par le moyen d'vn Prince Persan qui eust la bonté de suppléer au defaut de mon interprete, qui ne parloit pas fort bien la langue Persane, & de faire connoistre qu'il s'estoit mal expliqué, ie remis l'esprit du Roy & du Prince, en disant que ie n'auois iamais songé à accuser le Prince, mais que ie pretendois seulement auoir recours à luy pour me faire justice dans les choses qui se passeroient dans son Gouuernement. Le Roy approuua la chose, & luy commanda de l'executer. Le Prince dit pour sa satisfaction, qu'il m'auoit offert vn Firman que i'auois refusé, me pressant de dire quelle raison j'auois eu de le refuser. Ie luy respondis que ie le remerciois de cet offre, mais qu'il sçauoit bien qu'il contenoit des conditions que ie ne pouuois pas accepter; que ie presenterois vn memoire dans lequel ie mettrois toutes les demandes que i'auois à leur faire de la part de mon Maistre, afin de n'estre point obligé tous les iours à leur venir faire de nouuelles plaintes, & qu'en mesme temps ie m'engagerois de la part de mon Maistre à correspondre à ce bon traitement, & ceux de nostre Nation à les contenter dans les choses qu'ils pourroient raisonnablement attendre d'eux.

Que pour cet effect ie ferois dresser trois copies d'vn mesme Firman; que Sa Majesté en signeroit vne si elle l'auoit pour agreable, que le Prince signeroit l'autre, & moy la troisiéme au nom de mon Maistre. Le Roy me pressa de luy dire quelles estoient les conditions du Firman du Prince, ausquelles ie ne voulois point m'assujettir. Ie les dis, & l'on se mit à disputer là dessus auec chaleur; Mocrebchan prenant la parole, dit qu'il ne pouuoit abandonner l'interest des Portugais, & se mit à parler auec mépris de nostre Nation, & à soustenir que le Roy ne signeroit iamais aucun article à leur desauantage. Ie répondis que mes propositions n'alloient point contre la Nation Portugaise, mais bien à deffendre la justice de nos interests, & que ie n'aurois pas crû qu'il eust esté si fort engagé dans les leurs. Les Iesuites & ceux qui tenoient le party des Portugais, appuyerent tant sur ce discours de Mocrebchan, que ie fus obligé de m'expliquer plus amplement dans les choses qui les regardoient. Cét éclaircissement fut en substance, de leur offrir vne paix conditionnelle, & de leur témoigner que leur amitié ou leur haine nous estoient presque indifferents. Le Roy prit la parole, & dit que mes demandes estoient justes, ma réponse genereuse, & me pressa de faire mes propositions: Asaphchan qui auoit esté müet pendant tout ce discours, & qui auoit de l'impatience d'en voir la fin, prit la parole, & dit que quand mesmes nous disputerions toute la nuit, il faudroit enfin que la chose en vint à ce poinct, de mettre mes demandes par écrit, & de les presenter au Roy. Que si elles estoient trouuées raisonnables, le Roy les signeroit. Le Roy prit la parole, & dit que oüy. Ie témoignay souhaiter la mesme approbation du Prince. Il me répondit qu'il le feroit. Le Roy se leua; & comme ie continuois à parler, il se tourna vers moy, & ie luy fis dire par mon Interprete, que le iour precedent j'estois venu pour voir Sa Majesté, & les ceremonies de la Feste. Que j'auois esté placé assez proche de luy, auec beaucoup d'honneur à la verité; mais auec ce regret toutefois, de n'auoir pû bien voir toute cette magnificence. Que ie priois Sa Majesté pour cette raison, de me permettre d'estre vne autre fois auprés d'elle proche de son trône. Le Roy commanda à Asaphchan, qu'en ce rencontre on me laissast choisir la place où ie voudrois estre.

Le 14. j'enuoyay au matin chez Asaphchan, pour luy faire comprendre que le Roy s'estoit fasché sur vne équiuoque, par la mauuaise expression de mon Interprete; que mon intention n'auoit point esté de me plaindre du Prince ny de luy; que ie n'en auois eu aucune pensée. Mais que j'auois esté obligé de luy faire voir que ie ne voulois point me seruir dauantage de son entremise, pour parler au Roy de mes affaires; & que s'il continuoit son procedé à ne rien dire au Roy de ce que ie luy disois, & de ne luy en rapporter que ce qu'il luy plaisoit, ie trouuerois vn autre entremetteur. Ie faisois cét office pour les éclaircir de ce soupçon s'ils l'eussent eu encore; & ie m'estois persuadé qu'en ayant esté éclaircy, il auroit toûjours seruy a rendre le Prince plus fauorable à nos pretentions pour Suratte. Sa réponse fut, que ny luy, ny le Prince, n'auoient aucune raison de croire que j'eusse eu dessein de me plaindre d'eux; que l'équiuoque estoit toute éuidente, que pour luy il auoit tousiours aymé les Anglois, & qu'il conserueroit tousiours les mesmes sentimens pour eux.

Le 26. d'Auril, ie fus auerty que le Prince auoit fait demander au Roy au Durbal, par vn de ses Officiers, pourquoy il receuoit si bien les Anglois; que ces carresses estoient cause que les Portugais ne venoient plus à Suratte; que leur commerce apportoit au Roy beaucoup plus d'vtilité que celuy des Anglois: que ceux-cy n'y venoient que pour s'y enrichir, & n'y apportoient que des marchandises de peu de valeur? Comme des draps, des épées, & des cousteaux, au lieu que les autres y apportoient des perles, des rubis, & toutes sortes de pierreries. Le Roy répondit que cela estoit vray, mais qu'il n'y auoit point de remede. Ce discours me fit connoistre le peu d'affection que le Prince auoit pour l'Angleterre, & me seruit d'auertissement d'estre sur mes gardes, & de songer aux moyens de me conseruer la faueur du Roy en quoy consistoit nostre esperance. Ie resolus de ne point dissimuler l'auis que j'en auois, & d'éprouuer si ie ne pourrois point mettre dans l'esprit du Roy, vne meilleure opinion que celle qu'on luy vouloit faire prendre de nostre Nation.

Intrigues des Portugais pour décrier la Nation Angloise.

Le 22. de May, ie fus au Durbal, & luy fis entendre que j'auois

Il semble que la suite

du Iournal soit icy interrompuë, & que Purchas ou l'Autheur en ait osté quelque chose.

recours à luy, pour retirer des mains d'vn Italien vn jeune garçon Anglois qui s'estoit enfuy, & auoit quitté mon seruice, les Italiens le protegeant, & se seruans de l'authorité de Sa Majesté, au grand dés-honneur de nostre Nation. Le Roy donna ordre qu'on nous le remît entre les mains. Le Prince d'ailleurs qui n'attendoit que l'occasion de nous faire quelque piece, & cela à cause que ie m'estois broüillé auec son fauory, sur vn discours que nous auions eu ensemble, & que ie luy auois fait entendre que ie ne tarderois pas dauãtage d'en faire mes plaintes au Roy, persuada au Roy de faire venir deuant luy ce jeune homme. Il vint en effet au Gouzalcan; & se voyant appuyé du Prince, il eût la hardiesse de passer deuant moy, & de demander au Roy qu'il luy sauuât la vie. Le Roy touché de compassion, au lieu de me le remettre entre les mains, l'enuoya prisonnier à Suratte. Le Prince pour me brauer, le demanda au Roy pour s'en seruir; ce qui luy fut accordé, quelques raisons que ie peusse dire au contraire. Le Prince luy donna aussi-tost 150. Rupias, & la paye de deux cheuaux, me deffendant d'auoir aucun commerce auec luy.

Asaphchan.

Le 23. ce jeune hõme me vint trouuer de nuit, se jetta à mes pieds, & me demãda pardon de sa faute & de son extrauagãce, s'offrant à la reparer par toutes sortes de soûmissions. Ie luy dis que ie ne voulois point le retenir, puis qu'il estoit au seruice du Prince; & qu'auant de luy rendre aucune réponse, ie voulois qu'il me fist vne satisfaction publique. Le 24. il trouua moyen d'entrer au Gouzalcan, où il demanda pardon au Roy de sa fourbe, desauoüant tout ce qu'il auoit dit, adjoûtant qu'il l'auoit fait pour se mettre à couuert du chastiment qu'il meritoit, & suppliant le Roy de m'enuoyer querir, afin qu'en sa presence il me pût demander pardon. Le Roy l'approuuoit assez, mais le Prince en parut fort picqué.

Le 25. ie fus au Gouzalcan, le Roy me fit plusieurs protestations qu'il n'auoit iamais eu la pensée de proteger ce ieune homme; que c'estoit vn coquin, mais qu'il n'auoit pas pû moins faire que de le receuoir lors qu'il s'estoit jetté entre ses bras. On l'enuoya querir, & il me demanda pardon à genoux, & jura en presence du Roy qu'il n'auoit pas dit vn mot de verité: qu'au reste il faisoit cette declaration volontairement, & sans qu'il luy restast aucune esperance de retourner en Angleterre. Le Roy luy fit quelque reprimande, & luy dit que ny luy ny personne de bon sens ne l'auoit creu. Le Prince s'échauffa fort, & luy dit plusieurs choses pour l'obliger à persister en sa premiere deposition. Mais il y resista toûjours, & eût ordre de se retirer. Le Prince le rappella publiquement, & luy commanda auec beaucoup de bassesse, de luy rapporter les 150. Rupias qu'il luy auoit donnés, disant que cette somme luy auoit esté donnée pour s'en seruir, estant hors de mon seruice; & que puis qu'il auoit fait sa paix, il vouloit que cét argent luy fust rendu. Le compagnon luy promit qu'il l'auroit sur le champ; & pour le r'auoir, le Prince enuoya vn de ses Officiers à la maison où il estoit logé, car ie n'auois pas voulu souffrir qu'il mist le pied dans la mienne.

Le 27. ie fus obligé de faire semblant d'estre content, à cause qu'il ne me restoit point de moyens pour demander satisfaction. Ie n'auois plus de presens, & le Roy ne reçoit iamais bien aucune requeste, si elle n'est accompagnée de quelque regale, & il les demande souuent sans en faire la petite bouche. Le Prince se seruoit de cét auantage en faueur des Portugais, les pressant d'apporter des pierreries, des rubis, & des perles. Le 29. les Portugais se presenterent deuant le Roy, auec vn present & vn rubis Balay à vendre; il pesoit 13. tolles, deux de ces tolles & demy font vne once. Ils en demanderent au Roy cinq Leckes de Rupias. Le Roy en offrit vn. Asaphchan estoit aussi leur solliciteur. Ils luy firent vn present de pierreries. Ils auoient des rubis ballais, des emeraudes, & autres pierreries à vendre; ce qui les rendoit si agreables au Roy & au reste de la Cour, que nous n'osions quasi paroistre durant ce temps-là.

I'auois jugé jusques alors de ce Pays-là sur le rapport d'autruy; mais ie commen-

çay

çay alors à connoistre par experience la difference que l'on y fait entre les Portugais & nous. Tout le monde court apres eux ; au lieu que quand ils acheptent nos marchandises, ils croyent nous donner l'aumône. Outre l'auantage qu'ils ont d'estre voisins du Mogol, ils peuuent encore empescher le trafic de la Mer-rouge. Nostre trafic n'est de nulle consideration, si on le compare auec le leur ; & il n'y a que l'apprehension de nos Vaisseaux qui oblige le Mogol à nous receuoir.

---

§. III.

M.moires de ce qui se passa aux mois de Iuin, Iuillet, & Aoust 1616.

LE 12. iour de Iuin, la resolution fut prise que Sultan Coronne iroit commander les Armées qui deuoient faire la guerre dans le Pays de Decan. Tous les Bramenes furent consultez pour le choix du iour de son départ, qui fut à l'ordinaire arresté selon leur jugement. Le Prince Paruis eût ordre de venir en Cour. On dit qu'il écriuit à son pere, que s'il enuoyoit son frere aisné pour commander ses Armées, il luy obeyroit sans aucune repugnance ; mais qu'il y iroit trop de son honneur si on luy preferoit Sultan Coronne, & qu'il seroit obligé d'en tirer raison en s'attaquant à sa personne, pour aller apres mettre fin à cette guerre. Tous les principaux Officiers se declarerent qu'ils demanderoient leur congé, si on les vouloit obliger de seruir sous le General Coronne ; si grande est l'auersion que les gens de guerre ont pour luy. En effet, tout le monde le craint plus que le Roy mesme ; cela n'empeschera pas qu'il ne commande l'Armée. Le Roy ne pouuant changer la resolution qu'il en a prise ; il doit partir d'icy dans trois semaines, & la precipitation de ce départ m'obligera à mettre fin à nos affaires, & à tascher d'en tirer vne resolution finale : Car lors que le Roy sera party auec son fauory Sulphekcarcon, il n'y aura point de moyen de tirer vn sol de ce qui nous est dû.

Le 18. vn des fils du frere du Mogol, qui s'estoit conuerty à la Foy Chrestienne, à quoy le Roy l'auoit porté pour attirer sur luy la haine de ses Peuples, eût ordre du Roy de s'aller mettre sur le col d'vn Lion qu'on auoit amené en sa presence. La peur qu'en eût ce Prince, l'empescha d'obeyr. Le Roy commanda la mesme chose à son cadet, qui l'executa, sans que le Lion luy fist aucun mal. Le Roy prit occasion de là, d'enuoyer l'aisné dans vn cachot ; d'où apparamment il ne sortira iamais. Le 24. la femme du Prince Coronne accoucha d'vn fils. Il faisoit cependant ses preparatifs pour la campagne. Tous les Grands le suiuoient, & luy faisoient la Cour, non pas par affection qu'ils eussent pour luy ; mais partie par flatterie, partie aussi à cause de l'vtilité qu'ils en pouuoient esperer. On luy donna pour ses appointemens la valeur de deux cens mille Iacobus ; il commença à en faire largesse. Mais nonobstant l'affection que son pere faisoit paroistre pour luy, vn des principaux Seigneurs du Pays ne laissa pas d'auertir le Roy que le voyage seroit dangereux ; qu'il pouuoit auoir de fascheuses suites. Que le Prince Peruis, dont l'honneur estoit offensé par ce choix, ne reuiendroit iamais sans s'en ressentir. Qu'ils se battent, dit le Roy, j'en suis content ; celuy qui se monstrera le plus vaillant, continuëra à commander mes Armées.

Dans l'Anglois, il y a vingt Leks de Rupias. Lek signifie cent mille, & la Roupia vaut enuiron vn écu cinq sols de nôtre mônoye.

Abdala-Hassan est comme Lieutenant general ; il tire de grands appointemens de la Cour, & est le Tresorier de l'Armée. Ie le vis auant que de partir. Il me receut auec beaucoup d'honnesteté. Il m'entretint, & fit tirer au blanc ses soldats en ma presence. La pluspart auec leurs fléches ou leurs mousquets chargez d'vn

Abdala-Hassan.

seule balle, donnerent dans le blanc, qui estoit de la largeur de la main. Nous nous separâmes, apres quelques discours sur l'vsage des armes dont nous nous seruons en Europe.

Le 30. de Iuillet au matin, j'enuoyay à Sultan Coronne trois bouteilles de vin d'Espagne, & vne Lettre sur le sujet des differens que nous auions auec les Portugais pour nostre trafic, & pour obtenir la ferme des droits que nous deuions payer pour les marchandises. La coppie de cette Lettre est enregistrée. Le Prince la fit lire deux ou trois fois en public par son Secretaire, selon la coustume du Pays, qui est tout à fait Barbare. Et apres l'auoir interrompu par des questions qu'il luy fit sur cette Lettre, il promit que sur le soir il la liroit luy-mesme, qu'il la considereroit, & que son Secretaire Merze Sorcolla y feroit réponse. Ce mesme soir, ie fus au Durbal pour voir le Roy. Aussi-tost que ie fus entré, il me fit dire par Asaph-chan qu'il auoit appris que j'auois chez moy vn excellent Peintre, qu'il auroit souhaitté de pouuoir voir quelque chose de ses ouurages. Ie luy répondis que ie n'auois point de Peintre; mais bien vn jeune homme Marchand de profession, qui faisoit pour son diuertissement des figures à la plume, mais fort grossierement, & qu'il estoit fort éloigné de la perfection d'vn bon Peintre. Le Roy adjousta que ie ne deuois point apprehender, qu'il ne me vouloit point oster par force aucun de mes domestiques; qu'il ne me vouloit point faire de tort, ny souffrir que l'on m'en fist, & qu'il souhaitoit de voir cét homme & de ses ouurages, tels qu'ils peussent estre. Ie luy dis que iamais ce soubçon ne m'estoit entré dans la pensée; & que pour satisfaire à son ordre, ie menerois ce jeune homme au Gouzalcan, qu'il y porteroit ce qu'il pouuoit auoir, cõme, le dessein d'vn Elephant, d'vn Cerf, ou chose semblable, sur du papier. A cette réponse, le Roy fit vne inclination, & me dit que si j'auois la curiosité d'auoir vn Elephant, ou sa figure, ou quelqu'autre chose qui fust dans ses Estats, ie n'auois que faire de l'achepter, ny chercher d'autres moyens pour l'auoir, que le sien; qu'il me donneroit tout ce que ie pourrois souhaiter. Que ie luy pouuois parler librement, & qu'il estoit mon amy. Ie luy fis vne reuerence, & le remerciay tres-humblement, luy disant que ie ne me seruois point d'Elephant, que ce n'estoit point la coustume de ceux de mon Pays, encore moins de ceux qui estoient en ma place de rien demander. Que quand mesme Sa Majesté ne me donneroit que la valeur d'vn teston ie la receurois, & l'estimerois infiniment comme vne marque de sa bien-veillance. Il me dit qu'il ne sçauoit pas ce que ie desirois, qu'il se pouuoit faire qu'il eust dans son païs des choses qui estoient rares en Angleterre; Que ie ne deuois point faire de difficulté de dire ce que i'aurois aimé dauantage, parce qu'il me l'auroit donné tres-volontiers; qu'il aimoit ceux de nostre nation, & moy principalement; qu'il nous vouloit proteger enuers tous & contre tous; & enfin que ie le vinsse trouuer le soir auec ce ieune homme & ses peintures. Asaph-Chan prit delà occasion de me prier de venir chez luy, & de donner ordre que l'on y fit venir ce peintre; adioustant que ie pourrois ainsi attendre plus commodément l'heure à laquelle le Roy deuoit sortir; ie pris ce party. Ie n'auois point encore receu tant de faueur du Roy qu'il m'en fit ce iour-là. Toute la Cour le sçeut, & changea en vn moment de maniere d'agir enuers moy, & il se rencontra fort plaisamment que le Roy voulut que le Iesuite nostre ennemy fut l'interprete de toutes ses caresses. Ce iour-là vne damoiselle de la Princesse Normal fut surprise auec vn Eunuque dans la maison du Roy, par vn autre Eunuque qui l'aimoit aussi. Il perça d'vn coup son riual. Pour la fille elle fut enterrée iusques aux aisselles, le bras attaché à vn poteau, & condamnée à demeurer là trois iours & deux nuicts sans receuoir aucune nourriture, la teste & les bras exposez à la chaleur du Soleil; si elle ne mourroit point dans ce temps-là on luy pardonnoit sa faute. L'Eunuque fut condamné à estre mis en pieces par les Elephans. On trouua que cette damoiselle auoit en perles, en pierreries, & en argent, prés de deux millions d'or.

Supplice d'vne des filles de la Princesse Normal.

Le 22. ie receus des lettres de Brampour, en response de celles que i'auois écrites à Mahobet Chan. Il m'auoit d'abord accordé ma priere, & vn Firman bien exprés pour le Gouuerneur de Baroch, luy commandant de receuoir auec ciuilité ceux de nostre Nation, & de leur donner vne maison proche de la sienne, auec deffenses que personne ne nous fist aucun tort, ny par mer ny par terre; qu'on n'exigeast de nous aucune imposition, & que l'on ne nous fist aucune auanie sous ce pretexte; Qu'enfin on nous laissast la liberté d'achepter, vendre & transporter toutes sortes de marchandises, sans aucun empeschement; Qu'il ne luy escriuit pas dauantage sur ce sujet, mais qu'il eût à executer ponctuellement cét ordre. Ie receus en mesme temps vne lettre de Mahobet, qui en vsa en cela plus ciuilement que n'auoient fait les autres Indiens. Cette lettre estoit pleine de ciuilitez & de marques du respect qu'il auoit pour moy, m'asseurant qu'il desiroit me contenter, & que ie n'auois qu'à luy faire connoître les choses que ie souhaitterois de luy, pource qu'il le feroit auec soin & plaisir. Les copies de ces lettres meritent d'estre veuës, à cause que la phrase & les expressions en sont extraordinaires. Par ce moyen, la ville de Baroch sera nostre azile, & vne bonne retraite pour nous mettre à couuert de l'oppression du Prince, & cette exemption des droits que payent les marchandises nous épargnera bien par an la valeur de 1500. Iacobus, sans compter les extorsions & recherches qui se font en faisant payer ces droits. Pour ce qui est de l'execution de ce qu'il nous promet, personne n'en doute icy. Tout le monde sçait qu'il ne se soucie point du Prince, qu'il ne l'apprehende point, & qu'il n'a besoin de l'assistance de personne, estant vn des plus considerés du Pays, & peut-estre le seul que le Roy aime. Du reste, il a tousiours esté si liberal & si religieux à obseruer sa parole, qu'il en est estimé de tout le monde. Le Roy ne prend aucun de ces droits. Les Gouuerneurs en font leur profit, & Mahobet disoit hautemẽt qu'il y va de la reputation de son Maistre, de vendre ainsi la liberté qu'il promet à ceux qui hantent ses Ports. Le 6. d'Aoust, on m'enuoya querir pour venir au Durbal, sur le sujet d'vne peinture que j'auois depuis peu donnée au Roy, l'asseurant qu'il n'y auoit personne aux Indes qui en pût faire vne semblable. Aussi tost que ie fus arriué; Que donnerez-vous, dit-il, au Peintre qui en a fait vne coppie si semblable, que vous ne la pourrez pas discerner d'auec vostre Original. Ce Peintre, répondis-ie, aura 20. pistoles. Le Roy repliqua, il est Gentil-homme, & ce que vous luy promettez est trop peu de chose. Ie donneray ma peinture de bon cœur, dis-je alors, quoy que ie l'estime tres-rare, ne pretendant point au reste faire de gageure. Car si vostre Peintre a si bien reüssi, & qu'il ne soit pas content de la recompense que ie luy donneray, Vostre Majesté a dequoy le recompenser. Ainsi apres plusieurs traits de raillerie, sur le sujet des Arts qui se pratiquent en ce Pays-là, il se mit à me faire des questions, me demandant combien de fois ie beuuois en vn iour, combien à chaque fois, & quel estoit mon breuuage; ce que ie beuuois lors que j'estois en Angleterre; ce que c'estoit que de la bierre, comment on la fait, & si j'en pourrois faire en son Pays. Ie répondis du mieux qu'il me fut possible à toutes ces demandes importantes. Sa conclusion fut, que ie retournerois au Gouzalcan, & que là il me feroit voir les peintures. Sur le soir il m'enuoya querir, dans l'impatience de triompher de l'excellence de son Peintre. Il me monstra six peintures, entre lesquelles estoit mon Original. Elles estoient toutes sur vne table, & si semblables, que ie fus assez empesché de le discerner à la chandelle d'auec les copies; & il faut que ie confesse que ie ne croyois pas qu'elles peussent en approcher de si prés. Ie ne laissay pas de luy monstrer l'Original, & de luy faire remarquer la difference qu'vne personne vn peu intelligente dans les choses de l'Art, n'auroit pas eu peine à connoistre. Il ne laissa pas d'estre fort réjouy, de ce qu'au premier abord ie n'auois pas connu cette difference, & en fit grand bruit. Ie luy en donnay tout le plaisir, en loüant l'excellence de son Peintre. Hé bien! qu'en dites-vous, me dit-il? Ie dis que V. M. n'a pas besoin qu'on luy enuoye des Peintres d'Angleterre. Que donnerez-vous au Peintre, repris-je? Ie luy répondis, Que puis qu'il auoit surpasé de si loin mon attente, ie luy dõnerois le double de ce que j'a-

L'art de la peinture pratiqué dans les Indes.

uois promis; & que s'il venoit chez moy, ie luy dônerois cent rupias pour achepter vn bidet. Le Roy receut bien cela, mais il me dit en continuant, qu'il auroit mieux aymé quelqu'autre chose que de l'argent; & il me demanda en suite quel present luy ferez-vous: Ie luy dis que cela deuoit dépendre de ma discretion. Le Roy en demeura d'accord, mais il voulut neantmoins que ie luy disse le present que ie voulois faire. Ie luy donneray vne bonne épée, vn pistolet, & vn tableau. Enfin, me dit le Roy, vous demeurez d'accord que c'est vn bon Peintre, faites-le venir chez vous, monstrez-luy vos curiositez, & laissez-le choisir ce qu'il voudra. Il vous donnera vne de ses copies pour la faire voir en Angleterre, & faire connoistre à ceux de vostre Pays, que nous ne sommes pas si ignorans dans cét Art, qu'ils se l'imaginent. Il me pressa de choisir vne des copies; ce que ie fis: il la prit, l'enueloppa luy-mesme dans du papier, & la mit dans la boëte qui auoit seruy à mon Original, paroissant fort content de la victoire qu'il supposoit que son Peintre auoit remportée. Ie luy monstray vn portrait que j'auois de Sa Majesté; mais il estoit d'vne maniere bien au dessous de celle du Peintre qui auoit fait les copies. Ie luy dis que ç'auoit esté là la cause de mon erreur, & que par ce portrait-là qu'on m'auoit donné pour estre de la main d'vn des meilleurs Peintres du Pays, j'auois jugé de la capacité des autres. Il me demãda où ie l'auois eu; Ie le luy dis. Hé, comment, repliqua-il! vous achetez de semblables choses? Ne sçauez-vous pas bien que j'ay ce qu'il y a de plus parfait en ces gẽre-là, & ne vous auois-je pas dit que ie vous donnerois tout ce que vous pourriez souhaiter de moy? Ie remerciay Sa Majesté, luy disant que j'auois crû qu'il y auroit eu de l'indiscretion à luy faire de semblables demandes. Il me dit qu'il n'y auoit point de honte à luy demander, qu'il vouloit que ie luy parlasse tousiours librement, & me pressa de luy demander quelque chose. Ie luy répondis que ce n'estoit pas à moy à choisir; que tout ce qui viendroit de Sa Majesté, ie le receurois comme vne marque d'honneur. Si vous voulez mon portrait, répondit-il, ie vous en donneray vn pour vous, & vn autre pour vostre Roy. Ie luy dis que si Sa Majesté en vouloit enuoyer vn au Roy mon Maistre, ie serois fort ayse de le luy porter, & que j'estois asseuré qu'il le receuroit auec plaisir, & l'estimeroit beaucoup; mais puisque Sa Majesté me permettoit de prendre quelque hardiesse, ie prendrois celle de luy en demander vn pour moy-mesme, que ie garderois & que ie laisserois à ceux de ma maison, comme vne marque de la faueur que Sa Majesté m'auoit faite. Il repliqua, vostre Roy ne s'en soucie point. Pour vous, ie vois que vous serez bien-aise d'en auoir vn, c'est pourquoy vous l'aurez. Il donna ordre sur le champ qu'on m'en fit vn, & se mit à railler. Apres qu'il eut continué quelque-temps dans cette belle humeur, ie pris congé de luy.

Entretien du Roy auec l'Ambassadeur Rhoë.

Regale que Gemaldin Vssain fait à Rhoë.

Le 12. d'Aoust, j'allay rendre visite à Gemaldin Vssain, Vice-Roy de Pantan. Ce Gemaldin est vn vieillard de soixante & dix ans. Il est Seigneur de quatre Villes qui sont dans la Prouince de Bengale; mais ce qui le rend plus considerable, c'est la longue experience qu'il s'est acquise dans les affaires, ayant esté employé toute sa vie dans les plus grandes Ambassades & dans les plus importans emplois de cét Estat. Il a auec cela plus d'esprit & de politesse, que ceux de son Pays n'en ont d'ordinaire. Il m'auoit prié plusieurs fois de le venir voir. I'y fus enfin, & il me receut auec de grandes demonstrations d'amitié, jusques à m'offrir trente mille pistoles, me disãt que ie pouuois disposer du credit qu'il auoit auprés du Roy, me seruir de son conseil, & de tout ce qui pourroit dépendre de luy. Ces offres venant d'vne personne venerable comme il l'estoit pour son âge, me parurent fort sinceres. En effet, ie l'ay connu depuis pour vn homme d'honneur, & qui estoit fort genereux. Il m'entretint fort particulierement des façons de faire du Pays, & de leur esclauage; qu'ils manquoient de Loix. Il me parla de l'accroissement de cét Empire, & me dit qu'il auoit seruy trois Roys, auprés desquels il auoit esté en faueur, & me monstra vn Liure de l'histoire de son temps qu'il auoit cõposé, marquant iour par iour toutes les choses qui estoiẽt venuës à sa connoissance. Il m'offrit de m'en dõner vne copie, si ie la voulois faire traduire. Il me parla des reuenus du Mogol, qui cõsistẽt en cõfiscations, en presẽs, qu'il exige, & en taxes qu'on leue sur les personnes riches. Il me disoit que le Gouuerneur de chaque Prouince payoit tous les ans au Roy vne somme, comme s'il en estoit le Fermier : qu'il donnoit au Roy pour celle de Pantam dont il estoit Gouuerneur, vn Lek de roupias. Auec cela, les Gouuerneurs ont vne authorité absoluë de leuer sur les peuples de leur Gouuernement tout ce qui leur plaist, & qu'il tiroit bien de profit de sa Prouince, l'entretien de 4000. Cheuaux, c'est à dire 200000. roupias. Outre ce reuenu, il tiroit du Roy la paye de 5000. Cheuaux; qu'il en auoit 1500. sur pied, & profitoit du reste, comme d'autant de morte-payes. Qu'il auoit encore vne pension d'vn millier de roupias par iour, & les profits de quelques autres petits Gouuernemens. Et comme il vid que j'estois estonné de la grandeur de ce reuenu, il me dit qu'il y auoit dans cette Cour plusieurs personnes vne fois aussi riches que luy, & qu'il m'en pouuoit bien nommer vne vingtaine qui auoient pour le moins autant de reuenu. Il parloit auec reuerence de la Religion Chrestienne & de Iesus-Christ, comme d'vn grand Prophete : sa conuersation estoit solide & fort agreable.

Lek signifie cent mille Roupias, vaut vn peu plus d'vn écu 5. sols.

Il y auoit desia quelques iours que cette visite s'estoit passée, & ie croyois que sa ciuilité ne deût pas aller plus auant lors qu'il m'inuita d'aller à vne maison de plaisance qu'il auoit empruntée du Roy pour m'y regaler. Cette maison estoit éloignée d'vn mille de la Ville. Il me pressa fort d'y venir; ce que ie luy promis : & sur la minuit, il y alla luy-mesme, y faisant porter son équipage & ses tentes qu'il fit dresser le long d'vn des costez de l'estang. I'y fus le matin, & il vint au deuant de moy auec vne ciuilité extraordinaire; il me conduisit dans l'appartement qu'il m'auoit fait preparer. Il auoit à sa suite cent personnes de condition qui luy faisoient cortege, entr'autres deux de ses fils. On me dit qu'il en auoit trente; il m'entretint en me monstrant les lieux où le Mogol se plaisoit dauantage. Ses cabinets, où ie vis diuerses peintures, & entr'autres les portraits des Roys de France & d'autres Princes Chrestiens, & beaucoup de fort beaux meubles, me disant que pour luy il estoit vn pauure homme esclaue de son Roy, qu'il auoit souhaité de me faire bien passer le temps, & qu'il m'auoit pour cela engagé à vn mauuais repas; afin, ce disoit-il, que nous peussions manger ensemble du pain & du sel, & seeler ainsi la promesse d'vne amitié reciproque; que dans cette Cour il y auoit beaucoup de personnes puissantes qui m'auroient pû faire plus de complimens, mais que c'estoient des personnes superbes & grands fourbes, m'aduertissant de ne me fier à pas vn d'eux; que si j'auois des affaires d'importance à traiter auec le Roy, soit qu'elles regardassent les Portugais ou d'autres, ceux qui me seruiroient d'interpretes n'expliqueroient iamais fidelement mes sentimens; qu'ils parleroient plustost selon leur sens que selon le mien, ou qu'ils ne diroient que ce qu'ils croiroient deuoir estre receu plus agreablement du Mogol; que par cette raison ie ne pourrois iamais parler de mes affaires sans y estre trompé, ny iamais sçauoir au vray en quel estat j'estois en cette Cour, jusqu'à ce que j'eusse vn homme de mon Pays qui sçeust parler Persan, & qui pût expliquer mes paroles sans se seruir d'vn autre. Que le Roy m'accorderoit volontiers la permission de me seruir d'vn Anglois, & qu'il estoit fort bien disposé en ma faueur, adjoustant que la nuit precedente on luy auoit porté au Gouzalcan les pierreries du Gouuerneur de Lahor, qui estoit mort depuis peu. Que le Roy s'estoit ressouuenu de moy, & qu'ayant trouué entr'autres choses vn de ses portraits, qui luy auoit semblé bien fait, il l'auoit remis entre les mains d'Asaph-chan, luy commandant de me le porter, & me dire que ie le gardasse pour l'amour de luy, accompagnant cét ordre de plusieurs paroles obligeantes; ce qui feroit que les principaux de la Cour me considereroient dauantage à l'auenir. Là dessus on couurit la table; nous

Autre regale de Gemaldin, en vne maison de campagne.

estions assis sur des tapis; on estendit deuant nous vne piece de drap, qui fut aussi-tost couuerte de plusieurs plats; & au bas, il y auoit vne autre table qui fut seruie en mesme temps, pour des Gentils-hommes de sa suite, auec lesquels il alla s'asseoir; car ils font scrupule de manger auec nous. Ie luy dis à cette occasion, qu'il m'auoit promis que nous mangerions du pain & du sel ensemble, que ie n'aurois point d'appetit si ce n'estoit en sa compagnie. Il se leua, & se vint seoir auprés de moy, & nous commençâmes à disner. On seruit d'abord des raisins, des amandes, des pistaches, & autres sortes de fruits. Apresdîné il se mit à joüer aux Eschets. Ie m'allay promener durant ce temps-là; & estant retourné, ie vins prendre congé de luy; apres vn peu de conuersation, il me dit qu'il m'auoit prié de venir manger chez luy; que ce qui s'estoit passé n'estoit qu'vne collation, que ie ne m'en retournerois point que ie n'eusse soupé; ce que ie luy accorday fort aisément. Vne heure apres, vn des Ambassadeurs du Roy de Decan luy vint rendre visite; il me le presenta, & luy fit beaucoup de ciuilité, mais beaucoup moins qu'il ne m'en auoit fait. Il me demanda si le Roy mon Maistre ne trouueroit point mauuais qu'vn aussi pauure hõme que luy, luy fist offre de son seruice, & s'il pardonneroit à vn estranger la liberté qu'il prendroit de luy enuoyer vn present; que si ie l'approuuois, il enuoyeroit vn Gentilhomme auec moy pour faire la reuerence à Sa Majesté. Ayant enuoyé querir sur le champ vn de ses Gentils-hommes, il luy demanda s'il vouloit se hazarder à faire ce voyage; & comme ce Gentil-homme parut resolu d'encourir le risque, il me le presenta, & me dit qu'il vouloit faire mettre ensemble quelques curiositez du Pays pour les enuoyer à Sa Majesté par ce Gentil-homme, qui feroit le voyage auec moy. Ce Gentil-homme me parut à sa mine homme d'esprit. Cependant que nous passions ainsi le temps, le souper vint. On étendit deux pieces de drap, comme on auoit fait le matin. On seruit diuerses salades, diuers plats de viande rostie, fricassée & boüillie, & du Rys preparé de diuerses façons. Il me pria de l'excuser, de ce que la coustume du Pays l'obligeoit à manger auec les siens, qu'ils auroient trouué mauuais s'il en vsoit autrement: & ainsi nous fismes bonne chere, luy de son costé auec les Indiens, & moy du mien auec mon Chapelain & vn Marchand, qui estoient en ma compagnie. Les viandes n'y furent pas épargnées; mais l'ordre & la maniere dont elles estoient seruies, faisoit encore plus estimer sa bonne chere. Ses gens faisant chacun leur charge, auec beaucoup de soin & de respect. Il me donna pour presẽt, cõme on fait tousiours en ce Pays-là à ceux qu'on a inuitez, cinq caisses de sucre candy preparé auec du musc; vn pain de sucre qui pesoit bien 50. liures, fort fin & aussi blanc que de la neige, me priant d'en receuoir 50. autres de la mesme façon quand ie m'en irois; & me dit, Vous faites peut-estre difficulté de le receuoir à cause que vous voyez que ie suis vn pauure homme; mais vous deuez sçauoir qu'il ne me couste rien, & qu'il se fait dans mon Gouuernement. Ie luy répondis que ie luy estois desia trop obligé; que ie ne refuserois point cette grace lors que ie serois prest à partir. Il me répondit qu'il se pourroit faire qu'il n'en auroit point en ce temps-là, & que par cette raison il me prioit de le receuoir dés cette heure, afin que cette offre ne courust point risque de demeurer sans effet. Et enfin, faisant profession d'estre mon pere & moy son fils, & quelques autres complimens, ie pris congé de luy.

Gemaldin propose à l'Ambassadeur d'enuoyer vn de ses Gentils-hommes en Angleterre.

Le seiziéme ie fus voir le Roy; aussi-tost que i'entray il appella ses femmes, & fit apporter son portrait ou medaille d'or: Cette medaille estoit attachée à vne chaîne d'or, & auoit au bas vne grosse perle en forme de pendant: Il mit le portrait entre les mains d'Asaph-Chan, l'aduertissant de ne m'obliger point à faire d'autres soûmissions en le receuant, que celles que ie luy rendrois de moy-mesme. Quand ils reçoiuent quelque faueur du Prince; la coustume veut que celuy qui la reçoit se mette à genoux, & baisse la teste iusqu'à terre: On auoit exigé cette soûmission des Ambassadeurs de Perse. Lors qu'Asaph-Chan m'a-

Le grand Mogol donne à Rhoë sa medaille.

borda, ie me presantay pour receuoir le Present : Il me fit entendre que j'ostasse mon chappeau, & mit le portrait à mon col, me conduisant deuant le Roy. Ie ne sçauois à quel dessein il le faisoit, mais i'eus quelque crainte qu'il ne voulust exiger de moy vne soûmission qu'ils appellent Sizeda. I'estois resolu de luy rendre son Present, plustost que de me mettre en cette posture. Il me fit signe de remercier le Roy, ce que ie fis à ma maniere. Quelques Officiers m'aduertirent de faire le Sizeda, mais le Roy dit en langue Persane, Non, Non, & me renuoya auec beaucoup de paroles fort ciuiles, puis ie m'en retournay en ma place. Vous pouuez par là iuger de la liberalité du Prince : Son present ne valoit pas en tout trente Iacobus ; quoy que ce present fût de peu de valeur, il estoit toutesfois plus riche que ceux de ce genre qu'il fait ordinairement, & que l'on reçoit pour vne faueur tres-grande. Car tous les grands Seigneurs qui portent la medaille du Roy, ce que pas vn d'eux n'oseroit faire s'il ne l'a receuë du Roy mesme, n'ont qu'vne medaille de la grandeur d'vn Ecu d'or, auec vne petite chaîne longue de quatre poulces pour l'attacher sur leur turban. Ils l'enrichissent apres de pierreries, ou la garnissent de pendans de perles ; mais tout cela à leurs dépens.

Le 19. Gemaldin Vssin ayant esté fait Gouuerneur de Sinda vint dîner chez moy auec deux de ses fils, & deux autres personnes, suiuis d'vne centaine de valets. Il mangea de quelques viandes qu'vn cuisinier Mahometan auoit aprestées ; mais par ie ne sçay quelle superstition, il s'abstint de toucher aux autres viandes qui estoient accommodées à nostre maniere, quoy qu'il eut grande enuie d'en manger. Il voulut que ie luy en enuoyasse chez luy quatre ou cinq plats qu'il auoit choisis ; C'estoit des pieces de four qu'ils ne sçauent point faire en ce païs-là, disant qu'il les mangeroit en sõ particulier. L'ordre en fut dõné, & à la fin du repas il nous offrit la ville de Sinda, & toutes les choses qui pouuoient dépendre de son authorité. Ie luy fis vn petit present conformément à la coustume du païs. Ce iour-là monsieur Hal, Chapelain, mourut de mort subite. C'estoit vn homme d'vne humeur fort douce, grand obseruateur des choses de sa Religion, & d'vne vie sans reproche.

Le 20. au matin il vint vn deluge de pluïe qu'ils appellent Olifan, assez ordinaire dans ce païs ; mais celuy-cy fut si grand qu'on le compta pour vne chose fort extraordinaire. Il en tomba dãs l'estang vne si grande quantité qu'elle en rompit la chaussée, quoy qu'elle fut de pierre, & d'vne structure extremement forte. On eut l'alarme bien chaude, & grand sujet de craindre que l'eau n'emportast toute la partie de la ville où ie demeurois : Tellement que le Prince auec toutes ses femmes abandonna son Palais. Vn voisin que j'auois tira hors de chez luy ses meubles, les chargea sur vn Elephant & sur vn Chameau, & se tint prest pour se sauuer vers la montagne. Ils auoient tous leurs cheuaux scellez à leurs portes, pour en faire autant ; de sorte que nous fusmes dans vne grande apprehension jusques à minuict, pource que nous nous croyons dans la necessité de nous enfuïr, & d'abandonner ainsi tout ce qui estoit chez nous de meubles & de marchandises. Ils disoient que l'eau monteroit plus haut de trois pieds que le toict de ma maison ; & comme elle n'estoit faite que de terre & de paille qu'elle l'emporteroit sans doute. Que 14. ans auparauant ils auoient fait vne triste experience de ces torrents, le fond de l'estang ayant esté niuelé auec nostre maison, il s'estoit trouué plus haut que la couuerture. Elle estoit située dans vn fond, & au milieu du courant de l'eau. La moindre pluïe faisoit ordinairement vn si grand torrent à ma porte, que ie puis dire que l'eau ne court point plus viste sous les arches du pont de Londres. Quelquesfois on n'y pouuoit passer ny à pied ny à cheual l'espace de quatre heures ; Le Roy pour y remedier, fit ouurir vne écluse pour faire passage à l'eau. Auec tout cela la pluye auoit tellement laué les murailles de ma maison, & l'auoit tellement affoiblie par diuerses bréches qu'elle auoit faites, que j'apprehendois dauantage sa cheute que le danger de l'eau ;

elle l'auoit tellement gagnée, qu'il n'y auoit point d'endroit qui peût estre à sec; cela m'obligera à faire de nouuelles reparations. Ainsi nous n'estions iamais sans quelque affliction, c'estoit tantost du feu, tantost la pluye, tantost vn torrent, & toûjours vne chaleur & vne poussiere insupportable, & auec tout cela vn air extrémement mal-sain.

Le dix-neufiéme, le Roy fut à Hauas Gemal, & de là il fut à la chasse. La resolution y fut prise de se retirer à Mandoa, qui est vn Chasteau tout seul, proche duquel il n'y auoit point de Ville. Le Sultan Peruys estoit retourné de l'Armée; & estant auec son train proche d'Asmeere, le Roy luy enuoya vn ordre d'aller à Bengala, & de ne point venir à la Cour, éuitant ainsi les suites qui estoient à craindre, si les deux freres se fussent rencontrez. Il resolut en luy-mesme de donner le commandement de l'Armée de Decan à Sultan Coronne. Tous les principaux Officiers luy estoient si contraires, que la mesme resolution ayant esté prise vn mois auparauant, le Roy n'auoit osé l'enuoyer à l'Armée, & auoit esté obligé de cacher ce dessein iusqu'à ce que l'autre Prince fut éloigné, & qu'il eût trauaillé luy-mesme à luy regagner l'affection des gens de guerre. Ce changement de demeure nous donna bien de l'embarras, & nous obligea à vne nouuelle dépense. Il fallut bastir vne nouuelle maison pour nous y loger, & y faire vn magazin pour nos Marchandises; car Mandoa est vn Chasteau basty sur le haut d'vne Montagne, sans qu'il y eut aucun logement aux enuirons.

Le 30. le Roy vint fort tard de la chasse. Il m'enuoya sur les onze heures du soir vn Sanglier fort gras, & si grand qu'il en voulut garder les deffenses par curiosité. On me l'apporta auec ce message, qu'il l'auoit tué de sa main, & que pour cette raison j'en mangeasse de bon appetit, & que j'en fisse bonne chere. Celuy qui auoit esté enuoyé de la part du Roy pour me l'apporter, se chargea de dire à Asaph-Chan que ie faisois estat de luy rendre visite le lendemain, & que i'esperois de receuoir de sa main les priuileges que Sa Majesté m'auoit accordez. Il répondit qu'il ne les pouuoit pas expedier si-tost; mais qu'ils seroient expediez & seellez dans deux ou trois iours, & qu'il auroit de la confusion de me voir deuant que de m'auoir donné la satisfaction que i'attendois de luy.

§. IV.

La maniere dont on solemnise le iour de la Naissance du Roy.

LE deuxiéme iour de Septembre, estoit celuy de la Naissance du Roy; ils le solemnisent comme leur plus grande Feste. On pese le Roy dans vne balance; on le met d'vn costé, & de l'autre des pierreries, de l'or, de l'argent, des estoffes du Pays, du fruict, & beaucoup d'autres choses, vn peu de chaque sorte. La ceremonie estant acheuée, on distribuë toutes ces choses aux Bramans. Le Roy commanda à Asaph-Chan de m'enuoyer querir pour assister à cette Feste. Il me marqua la place où ie deuois attendre l'heure d'estre introduit; mais celuy qu'il enuoya entendit mal son ordre, & ie ne peus entrer qu'au temps du Durbal: ainsi, ie manquay à voir vne partie de cette ceremonie, estant venu trop tard. Le Roy en sortant m'apperceut, & m'enuoya demander pourquoy ie n'estois point entré, puis qu'il en auoit donné l'ordre. Ma réponse fut sur l'équiuoque qu'on auoit prise. Il en parut fort en colere, & en fit des reprimandes publiquement à Asaph-Chan. Le Roy ce jour-là auoit tant de pierreries sur luy, qu'il faut que j'aduouë que ie n'ay iamais veu ensemble tant de richesses. Le temps se passa à faire passer deuant luy ses grands Elephans; les plus beaux auoient leurs chaînes, leurs sonnettes, & tout le reste de la ferrure de leur harnois, d'or & d'argent. On portoit deuant eux des drapeaux; chacun de ces principaux Elephans en auoit neuf ou dix autres petits, qui ne parroissoient estre auprés d'eux que pour les seruir;

uir : leurs couuertures estoient d'étoffes de soye en broderie d'or & d'argent ; il y en auoit douze Compagnies richement harnachées. Le premier qui parut, estoit vne beste d'vne prodigieuse grandeur : les placques qui couuroient sa teste & son poictrail, estoient semées de rubis & d'émeraudes. En passant deuant le Roy, ils plioyent tous le genoüil, luy faisant la reuerence fort ciuilement ; & en matiere de beste, il ne se peut rien voir de plus curieux. Les gardiens de chacun de ces Elephans firent vn present au Roy ; il se leua en suite, & r'entra dans son Palais apres m'auoir fait quelque compliment.

Sur les dix heures du soir, le Roy enuoya à mon logis, l'on me trouua couché. Le message fut, qu'il auoit appris que j'auois vne peinture que ie ne luy auois point monstré ; qu'il souhaittoit que ie le fusse trouuer, & que ie la luy portasse ; que si ie ne voulois pas luy en faire vn present, qu'au moins il la pût voir, & en faire prendre des copies pour ses femmes. Ie me leuay, & ie l'allay trouuer auec cette Peinture. Il estoit assis les jambes croisées, sur vn petit Trône tout couuert de diamans, de perles, & de rubis. Il auoit deuant luy vne table d'or massif, & sur cette table cinquante placques d'or enrichies de pierreries : les vnes fort grandes & fort riches ; les autres de moindre valeur, mais toutes couuertes de pierres fines. Les Seigneurs de sa Cour estoient à l'entour de luy, dans leur meilleur équipage. Il commanda que l'on beût gayement ; & pour cela, il y auoit de diuerses sortes de vins dans de grands flacons. Quand ie m'approchay de luy, il me demanda des noüuelles de la Peinture ; ie luy monstray deux portraits, l'vn desquels il regarda auec estonnement, & me demanda de qui il estoit. Ie luy dis que c'estoit le portrait d'vne de mes amies qui estoit morte. Me le voulez-vous donner, adjoûta-il ? Ie luy répondis que ie l'estimois plus que quoy que ce soit que j'eusse au monde, à cause que c'estoit le portrait d'vne personne que j'auois aymée tendrement ; mais que si Sa Majesté vouloit excuser ma passion, & la liberté que ie prenois, ie l'aurois priée d'accepter l'autre qui estoit le portrait d'vne Françoise, d'vne main tres-excellente. Il m'en remercia, & me dit qu'il n'aymoit que celle qu'il me demandoit, & qu'il l'aymoit autant que ie la pouuois aymer : que si ie la luy donnois, il l'estimeroit dauantage que la piece la plus rare qui fust dans son tresor. Ie dis alors que ie ne pouuois auoir tant d'amitié pour quoy que ce fust au monde, que ie la voulusse refuser à Sa Majesté ; que j'estois extrémement aise de luy rendre quelque seruice, & que si ie pouuois luy donner quelque meilleur témoignage de mon respect & de la passion que j'auois de le seruir, j'aurois esté rauy de le pouuoir faire. A ces paroles, il s'inclina vn peu, & me dit que le témoignage que ie luy en donnois en estoit vne preuue suffisante ; qu'il auoüoit qu'il n'auoit iamais rien veu de si bien peint, ny vne si belle persõne. Il me conjura en suite de luy dire de bonne foy en quel Pays du monde estoit cette belle femme. Ie répondis qu'elle estoit morte. Il adjoûta qu'il approuuoit fort ma passion pour cette personne, & de ce que ie luy auois donné de si bonne maniere vne chose que j'estimois tant qu'il ne vouloit pas me l'oster, que seulement il la feroit voir à ses femmes, qu'il en feroit faire cinq copies par ses Peintres ; & que si entre ces copies ie reconnoissois mon Original, il me le rendroit. Ie répondis que ie l'auois donné de bon cœur, & que j'estois fort aise de l'honneur que Sa Majesté m'auoit fait de l'accepter. Il repliqua qu'il ne le vouloit point prendre, qu'il m'en aymoit dauantage, de ce que j'aymois la memoire de mon amie ; qu'il connoissoit toute l'injustice qu'il y auroit à m'en priuer ; qu'il ne l'auoit prise que pour en faire prendre des copies ; qu'il me l'auroit renduë luy-mesme, & que ses femmes auroient porté les copies sur elles. En effet, pour vne Mignature, il ne se pouuoit rien voir de plus acheué : & pour l'autre peinture qui estoit en huyle, il ne la trouuoit pas si belle. Il me dit en suite que ce jour-là estoit celuy de sa Naissance, & que tout le monde en faisoit des réjouyssances. Il me demanda en suite si ie ne voulois pas boire auec luy. Ie répondis ; ce qu'il plaira à Vostre Majesté, & luy

Débauche du grand Mogol.

souhaittay de longues & heureuses années, & que cette mesme ceremonie peust estre renouuellée encore dans cent ans. Il me demanda quel vin ie voulois boire, si i'amois mieux du vin de grappe ou du vin artificiel; si ie l'aimois fort ou autrement: Ie respondis que ie ferois ce qu'il me diroit, esperant qu'il ne me commanderoit point d'en boire trop ny de trop fort. Il se fit apporter vne coupe d'or pleine de vin meslé, moitié de vin en grappe, & moitié de vin artificiel. Il en beut, & l'ayant fait remplir me l'enuoya par vn de ses gentils-hommes auec ce message qu'il me prioit d'en boire 2. 3. 4. ou 5. fois à sa santé, & d'accepter la couppe qui en dependoit comme vn present qu'il me faisoit. Ie beus vn peu de vin, mais iamais ie n'en ay beu de si fort: Il me fit esternüer, dequoy le Roy se prît à rire: Il me fit presenter en suitte des raisins, des amandes, & des citrons coupez par tranches dans vn plat d'or, me priant de manger & de boire à ma liberté sans aucune contrainte. Ie luy fis vne reuerence à ma mode, pour le remercier du present qu'il m'auoit fait: Asaphchan auroit voulu que ie me fusse mis à genoux, & que i'eusse frappé de la teste contre terre; mais Sa Majesté se contenta de la reuerence que ie luy fis. La Coupe estoit d'or enrichie de petites turquoises & de rubis; le couuercle estoit de même; mais les émeraudes, les turquoises & les rubis qui y étoiẽt mis en œuure, estoient plus beaux, auec vne sous-coupe également riche. Ie ne peux pas dire ce qu'elle vaut, à cause que la pluspart des pierres sont petites, & que les plus grandes ne sont pas parfaites: Il y en a bien deux milles, & elle poise enuiron vn marc & demy d'or. Le Roy deuint de belle humeur, & me dit qu'il m'estimoit dauantage que pas vn Franc qu'il eust connu, & me demanda si i'auois trouué bon le Sanglier qu'il m'auoit enuoyé peu de iours auparauant, à quelle saulce ie l'auois mangé, quelle boisson l'on m'auoit seruie à ce repas, & semblable questions, qu'enfin qu'il ne me manqueroit rien en son païs. Cette demonstration de faueur parut aux yeux de toute la Cour. Il jetta en suitte à ceux qui estoient assis au dessous de luy deux grands bassins pleins de rubis, & à nous autres deux autres grãds bassins d'amandes toutes d'or & d'argent meslées ensemble, mais creuses par dedans: Ie ne creûs pas me deuoir jetter dessus comme faisoient les principaux de sa Cour; car ie remarquay que son fils n'en prit point: il donna apres aux musiciens & autres de ses courtisans, des pieces d'estoffes fort riches pour faire des turbans & des ceintures, continuant tousiours à boire, & commandant que les autres en fissent de mesme; tellement que Sa Majesté & tous les principaux Seigneurs de sa Cour parurent dans vne diuersité d'humeurs admirable, à l'exception de son fils, d'Asaphchan, de deux vieillards, du Roy de Candahar, & de moy, qui ne m'en enyuray point. Quand le Roy ne se peût plus soustenir, il se mit à dormir. Nous nous retirâmes tous. Au sortir ie priay Asaphchan pour l'expedition des priuileges que ie poursuiuois, l'asseurant que Sa Majesté ne me pouuoit pas faire de presẽt plus agreable que cette expeditiõ, que ie ne m'en mettrois point en peine si la chose estoit entierement en son pouuoir, mais que ie me doutois bien que quelqu'vn en auoit trauersé l'expedition; que le lendemain matin i'en parlerois à Sa Majesté. Il me dit qu'il n'estoit pas necessaire que ie le fisse, que le Roy m'aimoit, qu'il en auoit desia donné l'ordre, que les preparatifs de cette feste auoient empesché mon expedition, & que sans cela il me l'auroit enuoyée, & qu'il me feroit toute sorte de seruice.

Present que le Mogol fait à l'Autheur.

Le 4. de Septembre ie fis vne nouuelle experience de la peine qu'il y a à negocier auec les gens de ce Païs; ils ne tiennent iamais leur parole: depuis sept mois Asaphchan me promettoit cette expedition de semaine en semaine, & de iour en iour; mais comme il vid que i'auois porté les choses à tel point que ie me pouuois passer du Prince, il desaduoüa sa parole auec vn emportement extréme de colere & de rage: ie n'osois rompre auec luy, ny publier son manquement de Foy: Il s'estoit au commencement engagé auec nous, promettant d'estre nostre solliciteur dans nos affaires; cependant il protegeoit nos ennemis, &

Il entend les Portugais.

s'estoit rendu leur esclaue pour des bagatelles qu'ils luy donnoient, ie tenois alors le Loup par les oreilles comme l'on dit, pour me tirer de ce mauuais pas ; Ie dissimulay la connoissance que i'auois de sa mauuaise foy ; ie fis semblant de croire que l'ennuy de la lecture de nostre Lettre & de sõ mauuais stile, estoit la seule cause de cét emportement ; & sur cette supposition ie luy en enuoyay vne autre pour mieux expliquer ma pensée, auec vn memoire des choses que nous souhaitions, & qu'on nous auoit promises, le priant de faire dresser vn Firman sur ce memoire, dans la forme qu'il luy plairoit, & de le faire seeler ; qu'autrement si il en faisoit difficulté, il ne trouua pas mauuais que j'allasse demander la mesme grace au Roy, ou vn Passe-port, pour sortir du Païs, si il me la refusoit. Ces deux escrits sont dans mon Registre en ordre, dans lequel ils ont esté dressez.

Le 8. Asaphchan me fit réponse qu'il ne pouuoit en rien auancer mes affaires auprés du Roy ; que si ie desirois quelque chose qui regardast le gouuernement du Prince, ie la deuois attẽdre immediatemẽt de luy ; que ses Firmãs suffisoiẽt, & ainsi il me fit connoistre le dessein qu'il pratiquoit il y auoit si long-temps, de faire en sorte que ie dépendisse absolument du Prince. I'eus alors vn iuste sujet de prendre d'autres mesures, personne ne pouuant trouuer mauuais que ie songeasse à faire de nouueaux amis, apres auoir esté abandonné par les premiers. Ie resolus donc d'esprouuer ce que ie me pourrois promettre du Prince, & de faire semblant de dépendre absolument de luy. I'enuoyay à son Secretaire quatre articles, pourquoy ie luy demandois vn Firman, afin qu'il me peust seruir dans ce mesme temps à Suratte à l'arriuée de la flotte qu'on attendoit de iour en iour, ce que son Altesse m'accorda.

Le 10. ie me presentay deuant le Prince, qui dicta à son Secretaire le Firmant que ie desirois, & qu'il m'auoit promis ; si bien que ie croyois lors estre venu à bout de mes desseins. Le 11. on me l'enuoya, mais quand ie vins à le lire, ie trouuay qu'on auoit changé deux ou trois articles que i'auois demandez, & qu'on m'auoit promis, & mesmes qu'on en auoit retranché vn tout entier. Ie retournay disant resolument que ie ne le receurois point en cette forme, que ie ne souffrirois point qu'on mist à terre pas vne des marchandises de la flotte. Iamais homme n'a eu à combattre tant de faussetez, d'auarice & d'orgueil. La nuict i'allay trouuer le Secretaire du Prince pour luy faire mes plaintes, & pour luy declarer que i'estois resolu de partir, il me fit voir que le Firmant n'estoit pas tel qu'on me l'auoit expliqué ; qu'il contenoit toutes clauses que i'auois desirées ; les termes dans lesquels elles estoient exprimées ne me plaisoient pas ; mais le Sectetaire leur donnoit le bon sens, & me declaroit, que l'intention du Prince estoit que ie fusse plainement satisfait, & que ce Firman me deuoit suffire. Ie le pressay sur l'obscurité de quelques poincts, & le priay de les éclaircir, & me donner vne lettre pour le Gouuerneur de Surat ; ce qu'il m'accorda, auec ordre pour celuy qui tenoit la Doüane, de payer à nos Facteurs cinquante pieces de drap qu'il auoit acheptè d'eux depuis plusieurs mois, & qu'il leur vouloit rendre alors à leur grãd preiudice. Enfin, le Secretaire se découurit à moi du desir que le Prince auoit depuis long-tẽps que ie n'eusse point d'autre recours qu'à luy, & que ie ne le trauersasse point aupres du Roy sõ pere dans les affaires de sõ Gouuernement ; que ie l'esprouuerois meilleur amy que ie ne l'auois esperé, & enfin il me donna satisfaction sur tous les poincts contestez. Ie commençay alors à auoir meilleure esperance du succés de nos affaires, me fondant principalement sur ce qu'il n'est pas si aspre aux Presens que l'ordinaire des gens de ce pays, qu'il passe pour estre honneste homme, & qu'il se faisoit fort d'auoir assez de credit pour empescher qu'on ne nous fist aucune iniure, ny le moindre tort du monde. Ie receus donc le Firmant que ie trouuay fort exprés & en bonne forme, lors qu'on m'en eut fait la traduction.

Dans toute la suite de ces memoires, Rhoë ou Pourchas qui en a fait l'extrait, n'explique point les conditions ou priuileges, ce qui rend les endroits où il en est parlé vn peu obscurs.

Le seiziesme ie rendis visite au Prince, auec la resolution de continuer tousiours dans le mesme chemin que j'auois pris, de faire croire que ie ne voulois point auoir dans cette Cour-là d'autre dépendance que de luy, & cela jusques à ce que j'eusse des nouuelles de nos Vaisseaux, & que j'eusse sçeu de quelle maniere ils seroient reçeus cette année-là. Ie luy trouuay l'esprit embarassé, il apprehendoit que Sultan Paruis son frere ne vint à la Cour, car il n'en estoit éloigné que de huit cosses, & faisoit instance d'estre admis à baiser les mains de son pere : Ce qui luy auoit desia esté accordé ; mais Normal eut assez de credit sur l'esprit du Roy pour le faire changer, & pour luy faire enuoyer vn contre-ordre d'aller droit à Bengale. Le Roy cõtinuë cepẽdant dãs sa retraite, sans qu'on sçache precisément le lieu où il est.

§. V.

Arriuée d'Abdalacan à la Cour du Mogol. Reception de l'Ambassadeur du Roy de Perse.

LE 10. d'Octobre, Abdalacan Gouuerneur d'Amadauat, qui auoit eu ordre de se rendre à la Cour, pour rendre raison de la negligence qu'il auoit apportée à l'execution de quelque commandement du Mogol, se presenta au Iarneo. Il estoit demeuré jusques là sur ses gardes, & auoit refusé de venir à la Cour. Le Prince Sultan Coronne qui tiroit auantage de toutes sortes d'occasions, voulut profiter de la disgrace d'Abdalacan. Il le connoissoit pour vn homme de grand cœur, d'vne haute estime, & de la premiere qualité. Il jugea qu'estant tel, il ne le pouuoit acquerir sans fortifier beaucoup son party ; c'est pourquoy il luy auoit fait dire quelque-temps apres, qu'il vint hardiment à la Cour, & qu'il y trouueroit des amis. Abdalacan le crût, & se resolut d'obeyr aux ordres du Roy. Il partit donc d'Amadauat en habit de pelerin, accompagné seulement de quarante personnes. Il fit vne partie du chemin qui estoit de soixante milles à pied, & arriua à la Cour en cét équipage. Il est vray qu'il faisoit marcher apres luy, mais à la distance d'vne journée de chemin, deux cens cheuaux pour s'en seruir, si l'occasion l'y obligeoit. Il se presenta deuant le Roy, entre deux personnes de condition qui furent ses Introducteurs. Il parut les pieds nuds & chargez de chaînes, le visage abbatu, les cheueux negligez, & le turban enfoncé sur les yeux ; ne voulant pas, disoit-il, paroistre autrement deuant la face irritée de son Prince. Apres qu'il luy eut fait ses soûmissions, & qu'il eut répondu à quelques demandes que le Roy luy fit, il obtint son pardon. Le Mogol luy fit oster ses fers, & luy donna vne veste de drap d'or, auec vn turban & vne ceinture selon la coustume du Pays. D'ailleurs, le Prince Coronne qui auoit gagné Abdalacan, tourna toutes ses pensées à l'establissement de sa Grandeur, & à la ruïne de son aîné. Il crût que s'il pouuoit obtenir du Roy son pere le commandement de ses Armées, il se rendroit le plus puissant de l'Estat. La guerre qu'on vouloit continuer contre le Roy de Decan, luy en fut vn pretexte fort specieux. Son frere aîné y auoit mal reüssi, & Cham-canna le plus grand Capitaine de l'Empire n'y auoit pas esté plus heureux. Il se promit vn meilleur succez, & par là s'acquerir vne gloire qui le mettroit au dessus de l'vn & de l'autre. Dans cette esperance, il presse le Roy son pere, & l'oblige à rappeller Cham-canna ; non seulement pource qu'il auoit esté mal-heureux, mais parce qu'il estoit soubçonné auec raison de fauoriser le Roy de Decan, & d'estre son pensionnaire. Le Mogol consentit à tout ce que le Prince desira de luy. Il enuoye à Cham-canna vn ordre exprés de venir à la Cour ; mais Cham-canna refusa d'obeyr, disãt qu'il ne pouuoit pas quitter l'Armée, sans l'exposer au dãger de se perdre. Il pria le Roy par Lettres, qu'il ne luy dõnast point pour Successeur dans le Cõmandement Sultan Coronne ; mais en sa place, que s'il luy plaisoit de luy enuoyer le plus jeune de ses fils qui n'auoit que quinze ans, il ne manqueroit pas d'obeyr. Coronne offensé de la declaration de Cham-canna, prit la chose à cœur, & crût qu'il ne se pouuoit mieux vanger de luy, que d'emporter sur l'esprit du Roy son pere la resolution de la guerre de Decan. Il promit en mesme temps à Abdalacan le commandement de l'Armée sous luy, & de luy donner le Gouuernement de Cham-canna. Le Roy apprehendant les troubles qui pouuoient naistre dans ses Estats par l'ambition de Sultan Coronne, par le mécontentement de ses deux fils aînez, & le credit de Cham-canna, auoit enuie d'accommoder toutes ces broüilleries, en faisant la paix auec le Roy de Decan. Pour y paruenir, il confirma Cham-canna dans son Gouuernement, & resolut de luy enuoyer vne veste, qui est la marque d'vne veritable reconciliation. Auant que de l'enuoyer, il en donna aduis à vne des parentes de ce grand Capitaine qui estoit dans le Serrail. Cette femme, soit qu'elle fust gagnée par Sultan Coronne, ou qu'elle eust du ressentiment du mauuais traitement qu'on auoit fait au Chef de sa famille, apres les grands seruices qu'il auoit rendus, répondit hardiment qu'elle ne croyoit pas que Cham-canna voulust rien porter de ce qui luy seroit enuoyé de la part du Roy; qu'il connoissoit que Sa Majesté le haïssoit; qu'vne fois ou deux il auoit tasché de l'empoisonner. Que cela estoit si vray, qu'il auoit encore le poison, & qu'il l'auoit adroitement détourné au lieu de le porter à sa bouche. Qu'apres de si justes défiances, elle ne croyoit pas qu'il voulust se hazarder à porter sur luy aucunes des choses que le Roy luy auroit enuoyées. Le Roy répondit à cette femme, que pour oster tout soubçon, il porteroit luy-mesme la veste qu'il luy vouloit enuoyer l'espace d'vne heure, à la charge qu'elle luy écriroit la maniere dont il en auoit vsé, pour luy retrancher tout sujet de craindre. Elle repliqua qu'elle ne croyoit point que ny le Roy, ny Cham-canna en deussent venir à cette épreuue. Neantmoins, que si le Roy luy permettoit de viure en repos dans la charge qu'il luy auoit donnée, il continuëroit de rendre à Sa Majesté tout le fidel seruice qu'il estoit en possession de luy rendre. Le discours insolent de cette femme fit changer de dessein au Mogol, il resolut à l'heure mesme de donner le commandement de l'armée de Decan, à Sultan Coronne; & pour donner plus de reputation à ses premieres entreprises, il publia qu'il vouloit suiure l'Armée de son fils en personne, auec d'autres troupes & vne autre Armée.

Cham-canna ayant découuert de loin cette tempeste qui se formoit contre luy, & qui menaçoit sa fortune aussi bien que celle des Roys de Decan, ne manqua pas de preuenir le mal, & de prendre des liaisons encore plus estroites auec les Roys de Decan, qu'il n'auoit euës par le passé, afin de se guarantir de l'oppression. Ce fut par son conseil que ces Roys resolurent d'enuoyer vne Ambassade au Mogol, & de luy offrir la paix. Ils choisirent deux hommes capables de negocier, & les enuoyerent en mesme temps au Mogol. Ces Ambassadeurs luy presenterent des Cheuaux richement harnachez. D'abord, le Roy ne les voulut point voir; & apres auoir refusé de leur donner Audiance, & mesme de receuoir leurs presens, les renuoya à son fils, & leur fit dire qu'il se remettoit à luy de la resolution de faire la guerre, ou de conclurre la paix.

Ce Cham-canna est tousiours vn des principaux Autheurs dans toutes les intrigues décrites dãs les memoires.

Le Prince connoissant par là qu'il estoit fort bien dans l'esprit du Roy son pere, leur declare qu'il luy seroit honteux de consentir à la paix, apres les desauantages passez. Il conneust bien neantmoins que les conditions que les Ambassadeurs luy proposerent, estoient fort justes & fort auantageuses, & que le Roy son pere les auroit volontiers acceptées. Pour laisser aussi quelque esperance aux Ambassadeurs, il leur dit que quand il se porteroit à la paix, il n'en vouloit point traiter que son Armée ne fust en campagne, & que Cham-canna ne fust hors d'estat de luy disputer l'honneur d'auoir mis fin à la guerre.

L'ambition de ce jeune Prince est connuë & si publique, que tout le monde en parle. Mais le pere le souffre par ie ne sçay quelle raison d'Estat, quoy que son intention ne soit pas d'en faire son Successeur. Il reserue l'Empire pour Sultan Corsoronne son fils aîné, & qui a l'amitié & la veneration de tout le monde. Il l'ayme aussi beaucoup. Il connoist ce qu'il vaut. Il en estime toutes les qualitez; mais il s'est imaginé que s'il le mettoit en liberté, sa gloire en seroit diminuée. Il ne void pas cependant que les intrigues ambitieuses de Sultan Coronne, ternissent bien plus l'éclat & la reputation dont il est si jaloux, que ne feroient les actions les plus vertueuses de Sultan Corsoronne. Par cette mauuaise politique, il nourrit vne secretre & dangereuse diuision entre ces freres, & rend le cadet si redoutable, croyant qu'il pourra bien tousiours luy oster l'authorité qu'il luy donne pour vn temps. Les plus sages apprehendent les suites de cette conduite, & le danger que court le Pays de tomber dans vne guerre Ciuile apres la mort de ce Prince. La varieté des éuenemens qui se rencontrent dans l'Histoire de ce Pays-là, & principalement sous le Regne d'Eckbarsa pere du Roy d'apresent, jointe aux dernieres intrigues dont ie parle, meriteroient bien d'estre écrites; mais les vns n'en feroient point de cas à cause qu'elles se sont passées dans vn Pays fort éloigné; & les autres auroient de la peine à le croire, dans l'opinion qu'ils ont que ces Peuples-là sont des Barbares. Ie me contente par cette consideration, de ne les toucher qu'en passant. Ie ne puis toutefois m'empécher de rapporter icy ce qui se passa il n'y a pas long-temps au pays du Mogol, faire voir iusqu'où peut aller la patience & la sagesse d'vn pere, la fidelité d'vn Ministre, les fourberies d'vn frere, & l'imprudence d'vne Faction qui ose tout entreprendre, & qui abuse insolemment de l'authorité du Roy, sans estre retenus ny par la crainte des châtimens, ny par le bien de l'Estat, ny par aucune autre consideration. Le Prince Sultan Coronne, Normahal sa belle-sœur, Asaphchan & Etimon Doulet pere de Normahal qui font le Parti le plus puissant de cette Cour; apres s'estre assemblez pour trouuer les moyens pour se maintenir dans leur fortune presente, demeurerent tous d'accord qu'ils ne s'y pouuoient conseruer s'ils ne se defaisoient du Prince Corsoronne: ils voyoient qu'il estoit aimé des grands, & qu'il n'y auoit point de seureté pour eux s'il estoit iamais en liberté. Ils se mirent donc à penser par quel artifice ils le pourroient faire passer entre leurs mains, afin de le pouuoir empoisonner sans qu'il y parust. S'estant resolus là dessus, chacun se separa pour y trauailler. Normahal fut la premiere. Elle n'oublia rien pour s'insinuer dans l'esprit du Roy, & pour le gaigner. D'abord elle se jetta à ses pieds toute en larmes, & luy representa que Sultan Corsoronne ne changeoit point de sentiment; & qu'ayant tousiours la mesme ambition, il estoit capable de se porter aux dernieres extremitez. Le Roy la laissa dire, & ne fit pas semblant d'en entendre dauantage que ce qu'elle en disoit. Cette premiere attaque ne luy ayãt pas reüssi, les conjurez n'en demeurerent pas là. Ils prirent le temps que le Roy auoit beu par excez, & luy presenterent par la bouche d'Etimon Doulet, & Asaphchan, qu'il seroit plus de la dignité, & tout ensemble plus de la seureté de Sultan Corsoronne, que Sa Majesté le mit en la compagnie & en la garde du Prince son frere, que si elle le laissoit dauantage entre les mains d'vn Rasboot, qui pouuoit estre gaigné par promesse ou par menaces; Ces considerations (adiousterent-ils) les obligeoient de supplier Sa Majesté de ne laisser plus le Prince Corsoronne en de mauuaises mains, mais de le conferer aux soins & à l'affection du Prince son frere. Le Roy accorda leur demande, & se mit à dormir.

Ces conspirateurs ayant l'ordre du Mogol, & estans appuyez par le Prince Coronne, & d'ailleurs estant en grande consideration en cette Cour, ils crurent qu'ils ne trouueroient point de difficulté à retirer le Prince Corsoronne des mains de celuy qui le gardoit. Asaphchan se presente à la porte de son logis auec les Gardes du Prince, & demande par ordre du Roy son pere, qu'on lui mette entre les mains Sultan Corsoronne. Anna Rasboot luy répõd qu'il estoit tres-humble seruiteur de Sultan Coronne; mais que le Roy luy ayant mis entre les mains le Prince son fils, il ne luy pouuoit pas obeïr: Qu'il le prioit d'auoir patience iusqu'au lendemain, pource qu'il s'en déchargeroit en ce temps-là entre les mains de sa Majesté, qui

Prince Rasboot.

en disposeroit selon son plaisir. Cette réponse changea l'estat de leurs esperances; car Annarah ayant rendu compte au Roy de sa réponse, & ayant adiousté qu'il periroit plustost auec les quatre mille Cheuaux que le Roy luy auoit donnez, que de mettre iamais le Prince entre les mains de ses ennemis. Le Roy luy répondit qu'il en auoit vsé en homme d'honneur, que sa réponse auoit esté prudente, & qu'il continuast à en vser de mesme à l'auenir, sans s'arrester aux ordres qui luy pouuoient venir, mesme de sa part. Ie veux faire semblant d'ignorer la chose, adiousta-il; & pour vous, ie vous commande de n'en faire pas dauantage de bruit. Continuez seulement à estre fidele, & nous verrons jusques où les autres pousseront leurs desseins.

Les amis du Prince voyant que le Roy ne parloit point de ce qui s'estoit passé la nuict precedente, creurent qu'il l'auroit oublié, ou qu'il n'auroit pas sçeu leur tentatiue, ny le refus qu'on leur auoit fait; mais ne laisserēt pas de demeurer en défiance d'vn costé & d'autre. Ce que ie rapporte icy, pour vous aduertir qu'il faut bien prendre garde de ne se pas engager trop auant dans le Pays, & ne pas disperser vos marchandises en de differens lieux: car l'on verra dans peu de temps tous ces Pays en combustion, & vne partie engagée contre l'autre, dans vne guerre & dans vne querelle de longue discution. Si Sultan Corsoronne auoit le dessus, le Royaume du Mogol seroit vn azile pour les Chrestiens; car il ayme & fauorise les sciences, la valeur, & la discipline militaire, & a de l'horreur pour l'auarice & pour les auanies que ses ancestres & les grands du Royaume ont fait de tout temps aux estrangers. Ce sera tout le contraire, si la faction de son frere l'emporte. Ce Prince est ennemy des Chrestiens, superbe, fourbe, de mauuaise foy, & tyran jusqu'à l'excez. L'on attend tous les iours l'Ambassadeur de Shabas Roy de Perse.

Le 30. Decembre vers le soir, le Roy retourna, & m'enuoya vn Sanglier. I'eus nouuelles ce iour-là de l'arriuée de quatre Vaisseaux au Port de Svvaly, & i'appris par les Lettres des Commandans la rencontre qu'ils auoient faite de la Caraque, Vice-Admirale des Indes; laquelle apres vn long combat s'estoit écholiée & brûlée sous la coste des Isles de Gazedia. *Voyez le Voyage de Terry.*

Le iour suiuant, j'allay faire vn compliment au Mogol de la part du Roy mon Maistre. Il le reçeut auec beaucoup de ciuilité, mais il tomba aussi-tost à me demander des nouuelles des presens. Au lieu de répondre à sa demande, ie luy contay le dernier combat des nostres. Il sembloit prendre part à nostre gloire, & donner des applaudissemens à la valeur de ceux de nostre Nation; mais il passa vne seconde fois à me parler des presens, & à demander; Qu'est-ce, me dit-il, que le Roy m'a enuoyé? Ie luy répondis qu'il luy enuoyoit plusieurs marques de son amitié; qu'il sçauoit assez qu'il estoit maistre de la meilleure partie de l'Asie, & le plus riche Prince de tout l'Orient; que d'enuoyer des presens à Sa Majesté, il auroit crû que sçauroit esté porter des perles dans l'Ocean d'où elles viennent. Que le Roy d'Angleterre, par cette raison, n'auoit pas jugé à propos de le faire; mais qu'il luy faisoit present de son amitié, auec quelques petites curiositez que j'esperois luy deuoir estre agreables. Il me parla de la panne ou velours de France. Ie luy dis que toutes mes Lettres n'estoient pas encore arriuées, mais que j'auois desia quelque chose de ce qu'il souhaitoit. Il me fit aussi mention des dogues que ie luy auois promis, & ie luy dis que quelques-vns auoient esté tuez dans le combat; mais que l'on en auoit sauué deux pour Sa Majesté. Il en témoigna de la joye, & me dit que si ie pouuois luy pouuoir faire auoir vn grand Cheual de la taille des Cheuaux d'Allemagne, tels que ie les luy auois décrits, il auroit eu ce present plus agreable que si on luy auoit donné vne Couronne. Ie luy répondis que ie ferois mon possible pour le satisfaire, mais que j'apprehendois de n'en pouuoir pas venir à bout. Il adjousta que si ie luy en faisois auoir vn, il m'en donneroit dix mille Iacobus. Ie luy demanday vne Lettre & vn ordre pour faire venir à la Cour les presens du Roy mon Maistre, sans qu'ils fussent ouuerts, & pour le bon traitement de nos gens. Il me repliqua que le Port de Suratte estoit à son fils; & l'ayant aussi-tost enuoyé querir, il luy commanda expressément

en presence de tout le monde, de m'accorder ce que j'auois demandé, qui estoit, que l'on n'ouuriroit point nos balles; que celles que j'auois auoüées ne payeroiét point d'imposition; que l'on nous expédiroit promptement, & que l'on ne troubleroit point le transport qui se deuoit faire des presens, dont ie ferois apres la distribution comme ie voudrois; que ceux de nostre Nation seroient bien receus à Surate, & que j'y receurois vne entiere satisfaction. Cette faueur neantmoins ne s'estendit pas jusqu'à nous accorder le Fort que nous demandions, car Asaph-chan s'y opposoit. Le Prince fit appeller Asaph-chan, & promit en presence de son pere & de toute la Cour, de me donner satisfaction, tant est grande la force des nouueaux presens.

Le 15. l'on me manda de Masulipatan que le Capitaine Keeling auoit pris en la coste de Cochin vn vaisseau Portugais & deux Barques, dont l'vne estoit chargée d'Estain, & l'autre auoit esté chargée à Bengale: Que le sieur Robert Sherly estoit sorty mal contant de Goa, & qu'il s'estoit mis en chemin pour passer à Masulipatan par terre, ce qui ne me sembla peu croyable. Le 17. le Prince Coronne qui auoit tousiours en teste de faire de son chef la guerre à Decan, differoit à rendre response aux Ambassadeurs de ce Pays-là: mais croyant auec ceux de sa Faction, qu'il n'y auoit point de seureté pour luy, si Sultan Corsoronne demeuroit entre les mains d'Annarah, parce qu'il pourroit faire sa paix pendant son absence, renuerser par là tous les desseins, & se mettre en estat de vanger l'iniure qu'on luy faisoit: il alla faire donner vne nouuelle tentatiue sur l'esprit du Roy: il luy fit proposer sous main de donner à Asaphchan la garde du Prince son frere, & luy voulut persuader que s'il luy faisoit l'honneur de se fier à luy de la vie & de la liberté de ce Prince, il estoit tout certain que Cham-canna & ceux de Decan n'auroient pas plustost appris que Sa Majesté luy auoit fait cette grace extraordinaire, qu'ils le craindroient dauantage, & s'en mettroient plustost à la raison. Ce iour-là il est à croire que le Mogol consentit à cette trahison: car les soldats d'Asaphchan entrerent en garde auprés de Corsoronne, auec deux cens cheuaux des troupes du Prince son frere. Sa sœur & la pluspart des autres femmes du Serrail detestant la cruauté du Roy, refusent de manger, & protestent que si le Prince Corsoronne meurt, elles luy sacrifieront tous les enfans qui estoient dans le Serrail. Le Roy leur donne de belles paroles, leur proteste qu'il ne luy arriuera rien de mal, les asseure de sa liberté, & leur enuoye Normal pour les appaiser. On la menace dans le Serrail. On refuse de la voir: Le peuple s'émeût, & dit tout haut que le Roy a mis sō fils entre les mains d'vn Prince ambitieux, & à la mercy de gens lasches & sanguinaires. Qu'il ne souffrira pas ce parricide. Que Coronne en veut apparament à son aîné; mais que la verité est qu'il attente indirectement à la vie du Roy son pere, & que par l'assassinat de l'vn & de l'autre, il vouloit se faire des degrez de leurs corps, pour monter sans peine sur le Thrône. Cependant le peuple s'atroupe. On seme par les places des bruits de reuolte; on dit qu'il faut penser à asseurer la vie du Prince. Enfin chacun en parle selon sa crainte, ou selon son desir. Le pauure Prince Corsoronne est cependant au pouuoir d'vn Tygre; il refuse de manger, & enuoye prier le Roy son pere de luy faire oster la vie, plustost que de le faire seruir au triomphe de ses ennemis. Toute la Cour en est esmeuë, les Grands en témoignent de la tristesse. Le Peuple renouuelle ses clameurs, mais il n'a ny pied ny teste. Les suites de ces troubles sont fort à craindre pour nous.

Entrée de l'Ambassadeur de Perse.

Le 19. l'Ambassadeur de Perse Mahomet Roza Beg fit son Entrée dans la ville sur le midy, accompagné d'vn grand Cortége, dont la plus grande partie auoit esté enuoyée au deuant de luy pour l'honnorer; mais sans autre personne de marque que celles qui ont accoûtumé dans ces rencontres d'aller au deuant des estrãgers. On luy auoit aussi enuoyé la Musique, & vne centaine d'Elephans. Son Train estoit composé de cinquante cheuaux couuerts de housses de brocard d'or.

Les

Les Arcs, les Boucliers & les Carquois estoient richement garnis. Quarante mousquetaires & quelques deux cens personnes conduisoient son bagage. On le mena reposer dans vn appartement de l'auant-cour du Palais. Il fut au Durbal. I'y enuoyay mon Secretaire, pour obseruer comme il seroit receu. Comme il se fut approché du Roy, il fit au premier ballustre trois Tesselines & vn Syzeda, en se prosternant & se coignant la teste contre terre. Il fit le mesme en entrant, & presenta la lettre de Shaabas. Le Roy la receut, en s'inclinant vn peu, & demanda seulement comment se porte mon frere sans le traitter de Roy; & apres luy auoir dit peu de paroles, il fut placé au septiéme rang vis à vis de proche la porte, les rangs du dessus estans occupez par les premiers Seigneurs de la Cour. Cette place selon mon sens, estoit indigne de luy, mais il meritoit bien ce traittement, puis qu'il s'estoit soubmis à faire ce Syzeda ou reuerence, ce que tous ceux qui l'auoient precedé en cette qualité auoient refusé de faire. On l'excusoit en disant qu'il auoit ordre de satisfaire en toute maniere le Mogol; & l'on tiroit de là coniecture qu'il estoit venu pour luy demander quelque secours d'argent contre le Turc, comme il en auoit tiré souuent en de pareils rencontres.

L'Ambassadeur disoit qu'il estoit venu seulement pour traitter de Paix entre le Mogol & le Roy du Decan. Chabas aussi en prenoit la protection, & la prenoit par la jalousie qu'il auoit de l'accroissement de l'Empire du Mogol. Le Roy selon la coustume le regala d'vn beau Turban, d'vne veste & d'vne ceinture. Il le remercia en faisant trois reuerences, & vne Ricedas qui est encore vne autre reuerence iusqu'à terre. Il luy fit ses presens à trois fois differentes, & à chaque fois luy presenta neuf cheuaux Persans ou Arabes. Le nombre de neuf est mysterieux parmy eux. Il luy donna auec cela neuf mulets fort beaux, sept chameaux chargez de velours, deux tentures de tapisserie, des pieces de velours trauaillé auec de l'or, deux caisses de tapisseries de Perse, vn cabinet fort riche, quatre mousquets, cinq claches, vn chameau chargé de drap d'or fait en Perse, huit tapis de soye, deux rubis ballays, vingt & vn chameaux chargez de vin de grappe, quatorze chameaux chargez de diuerses eaux distillées, sept chameaux chargez d'eau-roze, sept poignards enrichis de pierreries, cinq épées de mesme, sept miroirs de Venise, si riches, que j'auois de la honte de les comparer auec les nostres. Ces Presens ne furent pas faits à la premiere Audiance du Persan, il ne fit qu'en donner le memoire. Son train estoit magnifique; on luy menoit en main huit Cheuaux harnachez d'or & d'argent. Diuers rangs de perles, de rubis & de turquoises, faisoient le tour de son Turban. Auec tout cela, ayant fait obseruer diligemment le traitement qu'on luy fit, lors que ie le comparois auec celuy qu'on m'auoit fait, ie ne trouuois pas qu'il eust esté traité plus fauorablement que moy. Il y auoit mesme cette difference, qu'on luy auoit donné vne place à l'Audiance bien au dessous de la mienne. Pour ce qui est de la ceremonie qu'on luy fit d'aller au deuant de luy, on m'auroit fait le mesme si ie ne me fusse point trouué malade, ou que ie l'eusse demandé. On remarqua aussi que le Mogol ne reçeut point la Lettre du Persan auec tant de respect, qu'il auoit reçeu celle du Roy d'Angleterre que ie luy auois presentée. En parlant du Roy d'Angleterre, il dit le Roy mon Frere; & parlant du Persan, il dit seulement mon Frere, sans y adjouster autre chose; comme obserua le Iesuite qui se trouua à cette Audiance, & qui entend fort bien la langue du Pays.

---

§. VI.

Entrée & reception de l'Ambassadeur de Perse.

LE 21. d'Octobre, ie fus chez le Prince Coronne pour les affaires de la compagnie; il me parla des presens, & me voulut mener auec luy au lieu où estoient les caisses pour les faire ouurir & les voir ; ie luy dis que ie ne le pouuois pas faire que ie n'eusse auparauant presenté au Roy ceux qui luy estoient destinez, qu'immediatement apres il auroit les siens. Il me demanda si ie luy voulois donner vne plume blanche qu'il vit sur mon chapeau ; ie luy dis que tout ce que j'auois estoit à son seruice : mais que ie ne pouuois pas sans quelque confusion, luy presenter vne chose que j'auois portée. Il la prit, & m'en demanda d'autres, disant qu'il n'en auoit pû trouuer, & qu'il en auoit à faire, à cause qu'il deuoit paroistre deuant le Roy auec tout son équipage dans deux ou trois iours. Abdalacan suruint ; il estoit ce iour habillé en homme de guerre, & tous ceux de sa suite fort lestes. Il fit present au Roy d'vn Cheual blanc, dont la selle & le reste du harnois estoient couuerts de mailles d'or. Le Cheual auoit vn fort bel air, & estoit d'vne belle taille, & ce Prince luy donna vne épée & vn baudrier. On portoit deuant luy diuers autres presens, des gardes d'épées d'argent auec les fourreaux couuerts de pierreries, des boucliers couuerts de velours ; quelques-vns peints, les autres releuez en or & en argent. Il en donna à ses Courtisans. Il y auoit aussi plusieurs selles & harnois d'or enrichis de pierreries, qui deuoient seruir à ses Cheuaux de main. Des bottes en broderie, & de toutes sortes d'autres habits magnifiques. Il faut que i'aduoüe que la dépense de ces gens-là passe tout ce qu'on a iamais vû de plus magnifique en tout le reste du monde. Toute la nuit s'estant passée en ces sortes de spectacles, on me dit le matin que six des Officiers du Prince Coronne estoient venus pour assassiner le Prince Corsoronne, mais que le Portier leur auoit refusé l'entrée, & que la Reine Mere estoit allée trouuer le Roy, & luy auoit fait entendre toute cette coniuration. On n'en sçait point la verité, & il y a du danger à s'en enquerir. Sur le soir ie fus voir le Roy au Durbal. I'y rencontray l'Ambassadeur de Perse, qui deuoit ce iour-là faire la premiere montre de ses Presens. Il auoit plus la mine d'vn Saltin Banque que d'vn Ambassadeur. Il couroit haut, bas, & accompagnoit toutes ses paroles de gestes & de manieres plus propres à vn Comedien, qu'à vne personne graue, & à l'Ambassadeur d'vn grand Roy. Il donna luy-mesme ses Presens, & le Roy les receut de ses mains auec vn sousris & des paroles qui témoignoient qu'il en estoit content. Ce luy estoit vn grand auantage d'estre entendu dans sa langue : Il parla tousiours auec tant de submission & de flatteries, que ses paroles furent encor' plus agreables que ses presens. Il appelloit à tout propos le grand Mogol le Roy & le Commandeur de tout le Monde, & ne se souuenoit pas que son Maistre y auoit quelque part. Sur la moindre parole que luy disoit le Roy, il faisoit des reuerences à la mode du païs. Quand il eut fait tous les presens qu'il deuoit donner ce iour-là, il s'abaissa iusques en terre, & heurta de la teste fort rudement. Ses Presens de ce jour-là estoient vn Carquois, vn Arc, & des fléches ; toute sorte de fruicts de l'Europe faits artificiellement dans des differens plats ; des bottines brodées & couuertes auec des lames d'or ; des grands miroirs auec des belles bordures ; vne piece de velours quarrée auec vne haute broderie, sur laquelle il y auoit des peintures. L'Ambassadeur dit que ces peintures estoient les portraits du Roy & de la Reine de Venise. Ie croy qu'elles auoient seruy de tapisserie. Quoy qu'on n'en monstrast qu'vne piece il y en auoit six aulnes de la mesme façon, auec cela plusieurs autres broderies de peu de valeur. On fit passer en suite trois petits cheuaux & trois petits mulets. Les mulets estoient beaux : Pour les cheuaux ils deuoient auoir perdu leur embonpoint & leur beauté ; car il n'y en auoit qu'vn qui meritast d'estre presenté à vn Prince. Apres auoir preseté auec cela plusieurs autres bagatelles, il retourna à sa place qui estoit bien au dessous de la miẽne ; Car dãs ce rãg-là j'estois au dessus de tous les Sujets du Prince. Asaphchan au cõmencement me voulut mettre aupres du Persan, mais ie me cõseruay la possession de la place que i'auois prise dés les premiers iours de mon arriuée. Ce ne fut que le premier Acte des presens : Cét Ambassadeur en fera sans doute vne

Premiere Audiance de l'Ambassadeur de Perse.

Comedie qui durera plus de dix iours. Sur le soir i'enuoyay vers la sœur du Prince Coronne pour en tirer l'escrit qu'il m'auoit promis, mais le Prince ne se pouuoit resoudre à laisser passer le present sans en prendre sa part; & comme il auoit changé de volonté, il refusa de seeller la lettre qu'on luy demandoit pour moy.

Le 22. à mon arriuée, ie luy donnay deux plumes & deux oyseaux de Paradis, qu'il receut agreablement. Ayant parlé de mon affaire, & ayant fait entendre la resolution que i'auois prise de ne souffrir point qu'on ouurit mes caisses, ny qu'elles passassent par d'autres mains que par celles de mes gens, il me l'accorda en fin, & commanda à son Secretaire de m'expedier. La nuit ie vins au Durbal pour obseruer l'Ambassadeur de Perse. Ie trouuay qu'il occupoit le mesme rang où on l'auoit mis la premiere fois; & qu'il estoit souuét obligé de changer de place, & de la ceder aux grands de la Cour quand ils entroient. Le Roy luy parla vne fois, dont il parut fort vain. On ne luy fit point de present, & le Roy commanda seulement aux principaux de sa Cour de luy faire caresse. Le temps se passa à voir des selles, des garnitures pour le voyage qui se deuoit faire au premier iour. Le Roy en dõna à ceux qui le deuoient suiure. Ses Tentes estoient à quatre iournées de chemin de sa Cour. I'enuoyay chez le Secretaire pour auoir mon Firman: il me remit, & m'en fit des excuses. Le 24. le Roy s'alla diuertir à l'Hauar Gemal. Il y appella l'Ambassadeur de Perse. Il mangea en presence du Roy auec les Seigneurs de sa Cour, comme i'auois fait le iour de sa naissance, auec cette difference seulement, que le Roy luy donna 10. mille Rupias pour sa dépense, dequoy l'Ambassadeur luy fit vn nombre infiny de remerciemens, accompagnez de soubmissions & de reuerences. Leurs actes d'adoration s'appellent Syzeda, & pour les faire on demeure vn assez long-temps la teste contre terre. Cela plût extremement au Roy. Il est tres-vray que ce fut vne bassesse à cét Ambassadeur, mais cette bassesse luy fut profitable. Pour moy ie ne pûs obtenir du Prince Coronne ce que ie luy demandois.

Le 25. quelques-vns par hazard ou par malice parlerent de la débauche que le Roy auoit faite la nuict precedente, & dirent que plusieurs Seigneurs de la Cour auoient beû du vin; ce que personne n'oseroit faire sans la permission du Roy. Le Roy ne se souuenant pas que ç'auoit esté par son ordre, demanda qui auoit donné du vin à ses Seigneurs. On dit que c'estoit l'Officier qui l'auoit en garde. Vous remarquerez que personne n'osoit dire que le Roy l'auoit commandé: car il s'estoit enyuré cette nuict là, & l'on apprehendoit qu'il eût oublié cét ordre. Quand le Roy fait la débauche, il la commence ordinairement tout seul; & sur la fin il commande à ceux de sa Cour de prendre les verres. L'officier qui a le vin en sa garde, écrit le nom de tous ceux qui en boiuent, ils sont obligez de faire vn Tesselim ou remerciment au Roy pour la permission qu'il leur en a donnée. Il arriue souuent que dans le temps qu'ils font le Tesselim le Roy a, tant beu qu'il ne les void pas. Or dans la débauche dont ie parle, il fit appeller le Sommelier, & luy demanda s'il luy auoit donné l'ordre de bailler du vin à ceux qui en auoient beu; il dit que non; quoy que dans la verité, il l'eût receu, & que le Roy eust nommé ceux qui deuoiẽt boire auec l'Ambassadeur. Le Roy en demanda la liste, & les taxa, les vns à mille, les autres à deux mille, & quelques autres à trois mille Rupias; & pour ceux qui estoient les plus proches de sa Personne, il leur fit donner cent trente coups d'vne espece de foüet composé de quatre cordes, au bout desquelles il y a de petits fers comme des molettes d'esperon; tellement que chacun de ces coups de foüet fait quatre playes. Apres qu'on les eût laissé comme morts estendus par terre, le Roy commanda à ceux qui en estoient proches de leur marcher sur le corps. En suitte il fit signe aux Portiers de rompre sur eux leurs bastons. Apres cette execution, on les porta dehors tous brisez de coups, & il y en eut vn qui en mourut sur la place. Quelqu'vn voulut excuser la chose & la rejetter sur l'Ambassadeur, mais le Roy dit qu'il auoit cõmandé qu'on luy dõnât seulemẽt 2. ou 3. verres de vin. Quoy qu'en ce pays l'yvresse soit vn vice fort commun,& que les hommes en fassent gloire, & que ce soit mesme l'exercice le plus ordinaire du Roy, elle est neantmoins si expressement deffenduë, que les Portiers qui sont au Gouzalcan, refusent la porte quand le Roy y est, à ceux qui se presentent pour y entrer,s'ils sentent à leur haleine qu'ils ayent beû du vin; & si le Roy en a connoissance, c'est vn hazard s'ils se sauuent du foüet. Au reste, quand le Roy est en colere, le pere n'ozeroit auoir pris la hardiesse de parler pour son fils. Ce fut ainsi que le Roy fit payer l'escot à ceux qui s'estoient trouuez à sa table auec l'Ambassadeur de Perse.

Le vingt-sixiéme, j'enuoyay chez Sorocolla pour auoir le Firman; il m'en enuoya vne copie où il y auoit autant d'ambiguité & d'apparence de mauuaise foy que dans la premiere. Ie le refusay, & copiay moy-mesme les articles qui m'estoient suspects. Ie renuoyay apres la copie; on me promit que le lendemain elle seroit seelée.

Le 28. le Roy estant sur le poinct de partir pour vn voïage, j'enuoyay demander à Asaphchan vn ordre pour auoir des Chariots. Nos Marchands en auoient cherché par toute la Ville sans en trouuer; & cependant ils estoient obligez de transporter leurs marchandises à Agra. On m'enuoya vn ordre pour auoir vingt Chameaux, quatre Chariots, & deux Carrosses, au mesme prix que le Roy les paye: I'en donnay aux Facteurs autant qu'il en falloit pour leurs marchandises. I'aurois tort si j'oubliois icy vne rencontre qui doit faire connoistre ou la bassesse de l'ame du Mogol, ou l'enuie qu'il auoit d'éprouuer ma liberalité. Il auoit fait condamner à la mort plusieurs voleurs, entre lesquels se trouuoient quelques jeunes garçons; & il n'y auoit point d'autre voïe de leur sauuer la vie, que de les achepter pour esclaues. Ce Prince commanda à Asaphchan de m'en offrir deux pour de l'argent, donnant ordre à Kutvval d'en faire le prix. Mon Interprete répondit à mon insçeu, que les Chrestiens ne tenoiēt point d'esclaues; & que puisque j'auois mis en liberté ceux que le Roy m'auoit dōnez auparauāt, il estoit inutile de me faire vne semblable propositiō. Ie soubçōnay que le Roy auoit eu la pensée d'éprouuer par là si j'estois hōme à donner quelque argent pour sauuer la vie à ces miserables. Soit que la chose fut ainsi, ou non, ie fis reflexion que ie deuois hazarder ce peu d'argēt pour faire vne bōne actiō. C'est pourquoy sās vouloir penetrer dauātage dās la pēsée du Mogol, ie cōmanday à mon Interprete d'aller trouuer Asaphchan, de luy dire qu'il m'auoit rendu cōpte de sa propositiō, & de la réponse qu'il y auoit faite de luy-mesme: que j'auois troué fort mauuais qu'il eust eu la presomption de répōdre pour moy. Que mon sentimēt & ma réponse estoient, que si ie pouuois par argent sauuer la vie à ces deux garçons, soit qu'on le deust donner à ceux qu'ils auoiēt volez, ou que ce fut seulemēt pour les sauuer du supplice auquel ils estoient cōdamnez, j'estois prest à le faire pour le respect que ie portois à tout ce qui venoit du Roy, & pour la charité qui m'y obligeoit; mais que ie ne les voulois en façon du mōde acheter pour esclaues; & qu'aussi-tost que j'aurois payé leur rançō, ie les mettrois en liberté; que s'il luy plaisoit de sçauoir du Roy s'il auroit agreable que ie les misse ainsi en liberté, j'estois tout prest de le faire. Asaphchan répondit que j'en pouuois disposer comme ie voudrois, & que c'estoit vne grande bonté à moy d'en vouloir vser de la sorte. Il accepta donc la somme que j'en donnay, en continuant ses loüanges, & voulut que j'enuoyasse l'argent à Kutvval. Qu'au reste, ie pouuois disposer de ces jeunes hommes comme il me plairoit; ne parlant en façon du monde, d'en informer le Roy, qui estoit vne des fins pour laquelle ie faisois cette liberalité. Il y auoit long-temps que j'estois las d'estre pris pour Duppe, & ie ne sçauois si ce commerce-là n'alloit point au profit des Officiers du Prince. Ie resolus donc de payer l'argent; mais afin que le Roy n'ignorast pas que j'auois plus d'humanité que luy, & qu'il sçeust qu'vn Chrestien estimoit dauantage la vie d'vn More que de l'argent, j'enuoyay mon Facteur & mon Interprete à Kutvval, pour luy dire ce qui s'estoit passé auec Asaphchan, & luy faire entendre que s'il vouloit sur le soir informer Sa Majesté de l'offre que j'auois faite de rachepter ces prisonniers par charité, &

que le Roy consentist que ie les misse en liberté, ie luy enuoyerois l'argent; mais que pour ce qui est de les achepter en qualité d'esclaues, quand ce n'auroit esté que pour vne heure, ie ne le pouuois pas faire. Ainsi, ie mis les Officiers du Mogol dans la necessité de m'expliquer plus clairement leur proposition. Ils me demanderent dix Iacobus pour ces miserables. Kutvval à qui j'auois enuoyé, me répondit qu'il apprendroit là dessus les sentimens de Sa Majesté, & qu'il m'en donneroit aduis. Les Indiens me vouloient persuader que c'estoit vne des plus signalées faueurs du Grand Mogol, de choisir quelqu'vn entre les principaux de sa Cour pour vne semblable action, & de luy donner cette occasion de faire vne bonne œuure, en racheptant des prisonniers; Que quant à l'argent que ie donnerois pour le rachapt dont il s'agissoit, il seroit employé pour satisfaire la personne qui auoit esté volée par ces jeunes garçons; & que ceux à qui le Roy faisoit de semblables faueurs, luy en faisoient de grandes sizedas & remercimens, comme ils font lors qu'ils reçoiuent de luy quelque grace considerable. Auec cela il me sembloit qu'il y auoit quelque chose contre l'honnesteté, qu'vn Prince taxast ainsi vn Estranger qui ne tiroit de luy ny appointemens, ny gages. Ie fus au Durbal, pour voir si le Roy ne m'en parleroit point, auec resolution aussi de luy faire moy-mesme ces offres. Kutvval luy parla plusieurs fois, & fit entrer l'Executeur de la Iustice, à qui on fit quelques commandemens que ie n'entendis point.

Le premier de Nouembre, Sultan Coronne prit congé du Roy son pere pour se rendre à son Camp. Le Roy estoit au Durbal, lors que le Prince y vint suiuy d'enuiron six cens Elephans richement harnachez, & de mille Caualiers. Plusieurs d'entre-eux auoient des habits de drap d'or, auec des bouquets de plumes sur leurs turbans; il faut auoüer qu'ils estoient tous fort lestes & fort braues; Coronne auoit vn habit d'vn drap d'argent brodé de grosses perles & de diamans. Le Roy en l'embrassant, le baisa, & luy témoigna beaucoup d'affection. Il luy donna vne épée, dont le fourreau estoit d'or, couuert de perles de la valeur de cent mille Roupias, vn poignard qui en valoit bien quarante mille, vn Elephant, & deux Cheuaux, dont les selles & leur garniture estoient de placques d'or, couuertes de pierreries; auec cela vn des Carrosses qui auoient esté faits à l'imitation de celuy que le Roy mon Maistre luy auoit enuoyé. Sultan Coronne entra dans le Carrosse, & commanda au Cocher qui estoit Anglois, de le conduire jusques à ses tentes. Il estoit assis au milieu, les rideaux ouuerts des deux costez; sa Noblesse le suiuit à pied, jusques à ses tentes qui estoient éloignées de quatre milles. Par le chemin, il jettoit des quarts de Roupias au peuple qui le suiuoit auec acclamations; & estendant sa main jusques au Cocher, il mit dans son chappeau vne centaine d'écus.

Le Prince prend congé de luy pour aller à l'armée.

La Roupias vaut vn écu cinq sols.

Le deuxiéme, le Roy alla au Camp auec ses femmes & toute sa Cour. Ie le trouuay au Farraco. Ie montay sur l'échaffaut qui estoit au dessous de luy, estant bien aise d'auoir occasion de voir ce lieu là, que ie n'auois peû voir auparauant. Il y auoit deux Eunuques assis sur deux treteaux, qui luy chassoient les mouches auec des plumes mises au bout de deux longues perches. Il fit beaucoup de presens ce jour-là, & en receut de toute sorte de gens. Il auoit à costé de luy ceux qu'il vouloit faire. C'estoient des estoffes roulées sur vne piece de bois tournante. Vne vieille & hydeuse Matrone prenoit ceux qui luy estoient presentez. A vne Ialousie qui estoit à costé, ie vis deux de ses principales femmes qui augmenterent les trous de la Ialousie, derriere laquelle elles estoient pour me voir mieux. I'apperçeus premierement leurs doigts qu'elles passerent par ces trous, & qu'elles augmenterent à tel point, que ie peûs à la fin leur voir tout le visage. Elles n'étoient pas fort blanches; elles auoient les cheueux noirs comme jaix, les yeux fort vifs. Le lieu où elles estoient estoit peu éclairé; mais quand ie n'aurois point eu d'autre lumiere pour les voir que celle de leurs diamans, elles en auoient vne quantité si grande, que j'eusse peû les découurir à leurs seuls brillans. Apres les auoir considerées quelque-temps, elles se retirerent, & se mirent à rire, ie m'imaginay

Femmes du Mogol.

que c'estoit sur mon sujet. Le Roy se leua subitement, & nous fûmes au Durbal pour attendre l'heure qu'il deuoit sortir. Il y vint quelque-temps apres, & y tint sa seance vne demie heure, pour dõner le tẽps à ses femmes de monter sur les Elephans qui les attẽdoient à leur porte. Il y en auoit 50. tout richemẽt couuerts; mais principalement 3. dont les petites tours estoient couuertes de placques d'or. Les grilles des fenestres des tourelles estoient de la mesme matiere, & vn daiz de drap d'argent couuroit toute la tour. Le Roy descendit les degrez de son trosne auec tant d'acclamation & tant de voix de Viue le Roy, qu'on n'auroit pas entendu le bruit du canon. Ie me pressay pour me trouuer proche de luy au bas du degré. Il y eust vn de ses courtisans qui luy presenta dans vn bassin vne Carpe fort grande, & vn autre vn plat plein d'vne matiere blanche comme de l'amidon. Le Roy y porta le doigt; il en toucha apres le poisson, & s'en frotta le front. Cette ceremonie est en Indostan, vn presage de bonne fortune. Vn autre de ses grands Officiers passa son épée dãs les pẽdans de sõ baudrier. L'épée & les boucles estoiẽt couuertes de diamans & de rubis, & le baudrier de mesme. Vn autre luy mit son carquois auec trente fléches & son arc aussi, dans le mesme estuy que l'Ambassadeur de Perse luy auoit presenté. Son turban estoit fort riche. Il y paroissoit des bouts de corne. D'vn des costez pendoit vn rubis hors d'œuure, aussi gros qu'vne noix; & de l'autre, vn diamant de pareille grosseur, & au milieu vne émeraude bien plus grande taillée en forme de cœur. Le turban estoit entortillé d'vne chaîne de grosses perles, de rubis & de diamans qui faisoient plusieurs tours. Il auoit autour du col vne chaîne de perles, trois fois plus grosse que les plus belles que j'aye iamais veuës. Au dessus du coude il auoit des bracelets de mesme sorte, qui faisoient trois tours à l'entour du poignet. Il auoit la main nuë, & à chaque doigt vn anneau. Ses gands estoient d'Angleterre. Ils estoient passez dans sa ceinture. Son habit estoit de drap d'or sans manches. Ses brodequins estoient brodez auec des perles. Le bout des brodequins estoit en pointe, & tourné en haut. Il entre en cét équipage dans son Carrosse. Vn Anglois seruoit de Cocher, habillé aussi richement que iamais Comedien l'ait esté, & menant quatre Cheuaux couuerts & harnachez de velours d'or. C'estoit la premiere fois que ce Prince s'estoit seruy de ce Carrosse, qui auoit esté fait à l'imitation de celuy d'Angleterre, & estoit si semblable, que ie n'en connus la difference que par la housse, qui estoit d'vn velours trauaillé auec de l'or qui se fait en Perse. Apres qu'il y fut entré, deux Eunuques marcherent aux deux costez du Carrosse, portans de petites malles d'or enrichies de rubis, & vne queuë de cheual blanc pour luy chasser les mouches. Il y auoit beaucoup de trompettes, de tambours, & autres semblables instrumens, & des gens qui marchoient deuant auec des daiz & des parassols, la pluspart de drap d'or ou de broderie, enrichis de rubis, de perles & d'émeraudes. L'Ambassadeur de Perse luy presenta vn Cheual. Derriere luy suiuoient trois Pallanquins, dont les pieds estoient couuerts de placques d'or; & les bouts de la canne à laquelle ils estoient attachez, ornez de perles auec vne crépine d'vn pied de hauteur, aux fils de laquelle il y auoit grand nombre de perles enfilées. Le bord du Pallanquin estoit couuert de rubis & d'émeraudes. Vn des Officiers du Prince portoit vn marche-pied d'or auec des pierreries. Les deux autres Pallanquins estoient couuerts de drap d'or. Le Carrosse que j'auois presenté suiuoit apres; on y auoit fait vne nouuelle couuerture & de nouueaux ornemens, & le Mogol l'auoit donné à la Reyne Normale qui estoit dedans. Ce Carrosse estoit suiuy d'vn troisiéme fait à la maniere du Pays; mais qui n'approchoit point, ce me semble, de la beauté de l'autre. Les plus jeunes de ses fils estoient dans ce dernier. Quatre-vingt Elephans les suiuoient, c'estoit ceux qui estoient destinez pour la personne du Roy. Il ne se peut rien voir de plus riche que la garniture de ces Elephans qui brilloient de tous costez des pierreries dont ils estoient couuerts. Chaque Elephant auoit ses banderoles de drap d'argent, & d'autres. Les

Habillemẽs du Mogol.

Equipage du Mogol qui marche en campagne.

principaux de sa Cour suiuoient à pied. Ie le suiuis de mesme jusques à la porte de la Ville. Ses femmes venoient en suite à la distance d'vn mille, portées sur leurs Elephans. Quand il fut deuant la porte où son fils aîné estoit prisonnier, il fit arrester le Carrosse, & le fit appeller. Il vint, & luy fit la reuerence, ayant vne épée & vn bouclier à la main. Sa barbe luy descendoit jusques à la ceinture, qui est vne marque de disgrace. Le Roy luy commanda de monter sur vn de ses Elephans, & marcher a costé de son Carrosse. Il le fit, auec vn grand applaudissement de toute la Cour que le retour de ce Prince remplit de nouuelles esperances. Le Roy luy donna vn millier de Roupias pour en faire largesse au peuple. Asaphchan qui l'auoit gardé & ses autres ennemis estoiẽt cepẽdant à pied: Ie pris vn Cheual pour éuiter la presse, & ie l'allay attendre à l'entrée de sa tente. I'y trouuay vne longue haye d'Elephans qui portoient chacun vne tour. Aux quatre coins des tours il y auoit quatre banderoles de taffetas jaune, & deuant la tour vn fauconneau monté sur son affust, qui portoit vn boulet aussi gros qu'vne balle de jeu de paûme; le Canonier estoit derriere. Il y auoit trois cens de ces Elephans, & quelques six cens autres de parade qui estoient tous couuerts de velours trauaillé auec de l'or, & deux ou trois banderoles dorées. Plusieurs personnes à pied couroient deuant auec des outres pleines d'eau pour arroser le chemin par où il deuoit passer. On ne permet point d'approcher de son Carrosse de plus prés d'vn quart de mille; tellement que ie fis diligence pour aller à ses tentes, & attendre qu'il y mist pied à terre. Les tentes auoient bien deux milles de circuit. Elles estoient entourées d'vne étoffe du Pays, rouge par le dehors, & qui par le dedans estoit peinte de diuerses figures, comme le sont nos tapisseries. Toute l'enceinte auoit la forme d'vn Fort, auec ses bouleuards & ses courtines. Les pieux qui portoient ces tapisseries, auoient au haut vn gros bouton de cuiure: la foule estoit grande à l'entrée des tentes du Roy. I'y voulus entrer, mais on n'y laisse entrer personne. Les grands du Pays s'arrestent à la porte. Ie donnay quelque chose à ceux qui la gardoient, & j'y fus admis. L'Ambassadeur de Perse ne fut pas si heureux que moy: Car ayant tenté d'entrer, il fut refusé. Ce fut en cette rencontre que cét Ambassadeur me salüa pour la premiere fois, sans toutesfois me parler. Au milieu de la Cour de ce Palais portatif, estoit dressé vn trône de Nacre de perle; deux piliers en soûtenoient le daiz de brocard d'or. Les bouts ou les chapiteaux de ces piliers estoient d'or massif. Lors que le Roy approcha de la porte de sa tente, quelques-vns des Seigneurs du Pays entrerent dans l'enceinte, & auec eux l'Ambassadeur de Perse. Nous nous trouuâmes vis-à-vis l'vn de l'autre. Le Roy en entrant, jetta les yeux sur moy. Ie luy fis la reuerence. Il porta sa main sur sa poictrine, & s'inclina vn peu. Il fit le mesme à l'Ambassadeur de Perse. Ie demeuray immediatement derriere luy jusques à tant qu'il eust monté sur son Trône; il fût accompagné des acclamations de tout ce qu'il y auoit de gens en ce lieu-là. Apres que nous eusmes pris nos places, il demanda de l'eau, se laua les mains, & se retira. Ses femmes entrerent par vne autre porte dans l'Apartement qui leur estoit destiné. Ie ne vis point le Prince son fils dans l'enceinte que ie viens de dire. Il est vray qu'il y auoit plus de trente Apartemens faits auec des tentes. Les Seigneurs de la Cour se retiroient chacun à leurs tentes. Elles estoient toutes de differentes formes & de differentes couleurs: les vnes blanches, les autres vertes; mais toutes dressées dans vne aussi belle disposition, que les Apartemens de nos plus belles maisons; ce qui me parut vne des plus belles choses & des plus magnifiques que j'eusse iamais veuës. Tout le Camp paroissoit comme vne belle Ville. Le bagage & les autres embarras de l'Armée n'en gastoiẽt point la beauté ny la simetrie. Ie n'auois point de Chariot, & j'auois quelque honte de me voir en l'estat où j'estois: mais à cela il n'y auoit point de remede, & d'ailleurs cinq années de mes appointemens n'auroient pas suffi pour me faire vn équipage approchant de celuy des moindres Seigneurs de la Cour du Mogol.

Le Roy fait sortir de prison le Prince Corsoronne son aisné.

Tentes du Mogol.

Mais ce qui est encore plus surprenant, c'est qu'ils ont tous de doubles tentes & vn double équipage, & pendant qu'ils sont campez en vn lieu, ils enuoyent au lieu où ils sçauent qu'ils doiuent camper, les tentes & les meubles qui ne leur seruent point; & tout cela se trouue tout dressé lors qu'ils y arriuēt. La cōfusion où j'estois de me voir en si mauuais équipage, me fit retourner bien viste à ma pauure caze.

Description des tentes du Prince.

Le cinquiéme de Nouembre, ie vis la mesme magnificence chez le Prince Coronne. Son Trône estoit couuert de placques d'argent, & en quelques endroits de fleurs en relief d'or massif. Le daiz estoit porté sur quatre piliers aussi couuerts d'argent. Son épée, son bouclier, ses arcs, ses fléches, & sa lance, estoient sur vne table deuant luy. On monta la garde lors qu'il arriua. I'obseruay qu'il estoit fort maistre de luy-mesme, & de ses actions; & que mesmes il prenoit soin de les composer auec grauité. Il reçeut deux Lettres, & les leut debout auant que de remonter à son Trône. Ie n'ay iamais veu vne contenance d'homme si arrestée ny si graue. Ie ne peus remarquer sur son visage le moindre soufris, ny la moindre difference dans la reception qu'il faisoit à ceux qui se presentoient à luy. Ses actions me paroissoient pleines d'vne fierté rebutante, & d'vn mépris general pour tout ce qu'il voyoit. I'obseruay neantmoins quelque trouble interieur, & quelque espece de distraction dans son esprit. Ce qui le faisoit répondre peu à propos à ceux qui luy parloient, voire mesmes qui l'empeschoit de les entendre. S'il m'est permis d'en juger, ou ie me trompe fort, ou ie croy qu'il auoit laissé son cœur dans l'entretien qu'il auoit eu auec les femmes de son pere. Il luy auoit esté permis de les voir. Normale l'estoit venu voir le iour auparauant dans son Carrosse à l'Angloise; & en prenant congé de luy, elle luy auoit donné vn manteau tout couuert de broderie, releué de perles, de diamans, & de rubis. Cette visite estoit sans doute cause qu'il n'auoit point de presence d'esprit pour les affaires dont on luy parloit.

Le sixiéme de Nouembre, ie reçeus vne Lettre d'Amadauat, par laquelle on me donnoit auis d'vne rencontre qui s'estoit passée entre les Portugais & ceux de nostre Nation. Cinq Portugais ayant attaqué vn jeune Anglois à Camboya, luy auoient osté ses armes. Deux Anglois estoient accourus au bruit pour le tirer de leurs mains, & auoient esté attaquez par sept autres Portugais. Iean Brovvn fut blessé à la main d'vn coup de pistolet. Nos gens se deffendirent brauement, & en Anglois. Ils tuerent vn Portugais sur la place, en blesserent quelques autres, & leur donnerent la chasse d'vn bout de la Ville à l'autre. Les Portugais se mirent à fuyr deuant eux comme des bestes, auec beaucoup de honte pour cette Nation, & beaucoup de gloire pour la nostre. Les fregates Portugaises estans depuis arriuées, plusieurs des ennemis vinrent à terre pour se vanger de cét affront. Il n'y auoit alors dans la Ville que les trois Anglois dont ie viens de parler. Le Gouuerneur en ayant esté auerty, enuoya le Kutvval auec des gens pour garder nostre maison, fit fermer les portes qui sont du costé de l'eau, chassa les Portugais, leur deffendant sur peine de chastiment de se méler auec les Anglois, & fit sortir auec seureté les nostres de la Ville, qui retournerent à Amadauat.

Le neufiéme, ie trouuay le Prince Coronne joüant aux Cartes auec grande attention. Il me fit excuse de son peu de memoire, & mit la faute sur ses Officiers, me témoignant au reste plus de ciuilité qu'il ne faisoit ordinairement. Il m'appella mesmes quelquesfois pour me monstrer son jeu, & m'addressa souuent la parole. I'attendois qu'il me parleroit de faire le voïage auec luy; mais comme il ne m'en toucha rien, ie luy dis que j'estois seulement venu pour luy obeyr, & pour prendre mon congé; que ie le priois de m'excuser si ie n'estois pas dauantage auprés de luy, mais que j'estois obligé de retourner à Adsmeer, & que ie n'auois point d'équipage pour demeurer là cette nuit. Il me dit qu'il m'auoit voulu voir deuant que de partir, & que ie serois expedié sur le champ. Il m'enuoya vn Eunuque; & plusieurs de ses Officiers me vinrent trouuer, & me dirent en soûriant, que

lo

le Prince me vouloit faire vn grand present ; que si j'auois peur de faire voïage de nuit, on me donneroit dix Cheuaux pour me seruir d'escorte. Ils me firent vne aussi grande feste de ce present, que si le Prince m'eust deû donner la plus belle de ses chaines de perles. Le present vint enfin ; c'estoit vn manteau de drap d'or, qu'il auoit porté deux ou trois fois. On me le mit sur les épaules, & ce fut à contre-cœur que ie luy en fis la reuerence. Si on auoit à representer sur vn theâtre le grand Tamerlan son deuancier, cét habit auroit esté fort propre pour vn tel personnage. La plus grande faueur que le Prince fait en ces quartiers-là, est celle de donner vn habit apres l'auoir porté vne fois ou deux.

Le 16. le Roy fit commandement qu'on mist le feu à toutes les tentes du Camp proche d'Asmeer, pour obliger par là le peuple de le suiure. La chose fut executée sur le champ. I'y demeuray bien embarrasé, aussi bien que l'Ambassadeur de Perse. Il auoit crié, il s'estoit plaint, il auoit fait des brauades, & auec tout cela il n'auoit pû obtenir les voitures ny les Chariots qu'il auoit demandez. Ie me resolus à son exemple d'en achepter, puisque ie n'auois pû en trouuer à loüer au prix que le Roy les paye. Ils estoient à la verité bien chers d'achat ; mais aussi en les loüant au prix qu'on en vouloit, le loüage de trois mois de temps égaloit la valeur des Chariots. Enfin, ce fut vne necessité d'en vser ainsi, car la Ville estoit aussi brûlée, & ie me trouuois exposé au danger des voleurs, dont il y a tousiours grand nombre dans le voisinage des armées. On n'y trouuoit point mesme de pain. Ie renuoyay à la Cour, & me resolus à souffrir toutes ces incommoditez.

Le 17. j'appris par la voye de Goa, que Dom Emanüel de Menesez, auec enuiron trois cens soldats du Vaisseau de l'Admiral, s'estoit sauué à terre ; que ceux du Pays les auoit volez & mis en chemise ; que mesmes ils en auoient tué quelques-vns ; qu'ils en auoient contraints d'autres à se faire circoncir, & que le reste estoit arriué à Goa dans vn pitoyable estat.

Le 24. Octobre, il n'y estoit encore arriué aucun Vaisseau de la Flotte qui estoit partie de Lisbonne ; ce qui les estonnoit beaucoup. Le Gallion de Mozenbique s'estoit battu auec vn Vaisseau Hollandois : ce Gallion estoit fort riche, & se sauua à la faueur de ce Fort. Remarquez, ie vous prie, l'audace des Hollandois, d'attaquer ainsi auec vn seul Vaisseau, vn Gallion plus fort qu'eux, à la veuë d'vne des principales Villes que les Portugais ayent dans les Indes.

Le 18. ie ne pûs auoir de Chariots : on me remettoit d'vn iour à l'autre, & j'apprehendois d'estre obligé de demeurer à pied. Il fallut enfin achepter des Chariots. Pour des Chameaux, on continuoit tousiours à m'en promettre ; Mestre Bidolff demeura dans le Camp du Prince, pour recouurer l'argent qui luy estoit deû : le Roy n'estoit qu'à douze courses d'Asmeer. Ce fut là que le Iesuite prît congé de moy. Il fut obligé d'achepter aussi des Chariots, bien qu'il eust vn ordre pour en auoir de ceux qui sont au seruice du Roy. Tout ce temps-là ne me donnant point d'occasion de vous parler de mes propres affaires, ie croy qu'il ne sera point mal à propos de vous entretenir de l'estat où se trouuoient alors celles de Sultan Corsoronne. Tout le monde prenoit part à sa disgrace, & on ne parloit que de sa détention entre les mains de ses ennemis. Le Roy qui y auoit consenty en partant, plustost pour satisfaire l'ambition de son cadet, que pour exposer l'aîné aux mauuais desseins que son frere pouuoit auoir sur sa personne, pensa à asseurer la vie de ce Prince, & à contenter par mesme moyen le peuple qui commençoit à murmurer de sa prison, & qui témoignoit hautement qu'il apprehendoit qu'on ne luy fist quelque trahison. Il prit de là occasion de declarer luy-mesme ses sentimens sur ce sujet, Asaphchan auoit visité son nouueau prisonnier ; & comme s'il eust oublié qu'il estoit son Prince, il estoit entré inciuilement dans sa chambre contre sa volonté, & sans luy faire de reuerence. Quelques-vns croyent qu'il auoit tasché à luy faire vne querelle, croyant que le Prince qui n'estoit pas d'humeur à souffrir vn affront, auroit mis la main à l'épée, ou auroit fait quelque autre violence, dont les soldats de sa garde se seroient vangez sur luy; ou qu'au moins il en auroit trouué vne occasion de plainte, & de porter la chose au Roy cõme vne insulte que le Prince luy auroit voulu faire, pour se sauuer des prisons où le Roy l'auoit fait mettre. Il trouua que le Prince estoit plus patient qu'il ne se l'estoit promis: Car il se contenta de faire auertir le Roy par vn de ses amis, de la maniere que son Geolier le traitoit. Le Roy appella Asaphchan au Durbal, & luy demanda combien il y auoit de temps qu'il n'auoit veu le prisonnier qui estoit en sa charge. Il luy répondit qu'il y auoit deux iours. Le Roy continua à luy demander qu'est-ce qui se passa l'autre iour dans sa chambre? Asaphchan repliqua qu'il n'y auoit esté que pour luy rendre visite; mais le Roy le pressant sur la maniere dont il l'auoit renduë, Asaphchan connut que le Roy estoit auerty de ce qui s'étoit passé. Il luy dit donc qu'il estoit allé voir ce jour-là le Prince pour luy offrir son seruice, mais qu'il luy auoit refusé l'entrée de sa chambre; là dessus, qu'il auoit crû qu'estant responsable de la personne du Prince, il estoit du deuoir de la charge qu'on luy auoit commise, de visiter la chambre de son prisonnier comme il auoit fait, y estant entré dedans mal-gré luy. Le Roy luy dit sans s'émouuoir; Hé bien? Quand vous fustes entré, que luy dites-vous? Et quel respect & quelles soûmissions rendîtes-vous à mon fils? Ce Barbare demeura fort confus, & confessa qu'il ne luy auoit fait aucune ciuilité. Le Roy sur cela luy dit, qu'il luy feroit connoistre que le Prince estoit son fils aîné & son heritier. Qu'il estoit son Maistre & son Prince; & que s'il entendoit parler vne autre fois qu'il luy eust manqué de respect, il commanderoit à son fils de luy mettre le pied sur la gorge, & de l'étouffer. I'ayme Sultan Coronne, adjoûta-il; mais ie veux que tout le monde sçache, que ie n'ay pas mis mon fils & mon successeur entre ses mains & en sa garde pour le perdre.

Le 24. ie demeuray à la Cour pour les affaires des Marchands; & j'y receu réponse d'Ispahan, que mes Lettres auoient esté enuoyées à Alep, & que nous estions attendus en Perse; mais sous des conditions que le Roy auoit jugées aduantageuses, au dessein qu'il auoit de diuertir le trafic des soyes des terres du Turc. Que le General des troupes du Grand Seigneur estoit auec vne puissante armée à Argeronne à six journées de Tauris, & qu'il marchandoit s'il deuoit attaquer cette place, & entrer dans le pays de Gorgestan & de Gilan, d'où vient la soye, & conquerir ainsi par les armes ce que l'on leur vouloit oster par le commerce. Le Roy de Perse estoit campé à Salmas lieu fort propre pour s'opposer à l'vn ou à l'autre de ses desseins: Car ce village estoit également éloigné de l'entrée de la Prouince de Gorgestan, & de la ville d'Argeronne. Mais si les armées n'en viennent point aux mains entre-cy & deux mois, l'approche de l'hyuer & la disette qui suit tousiours, vn si grand amas d'hommes les dissipera l'vne & l'autre, sans qu'elles puissent rien faire de considerable. Si elles s'approchent, quoy que le Persan ait cent quatre-vingt mille Cheuaux, on ne croid point qu'il hazarde la bataille, mais il se contentera de tirer aduantage de la facilité qu'ont ses troupes à faire de longues marches, estans sans bagages & sans artillerie.

§. VII.

Voyages de l'Ambassadeur à la suite de la Cour. Description du Camp du Mogol.

LE premier iour de Decembre, j'auançay jusques à Brampore. Ie trouuay sur le chemin les corps de cent voleurs qu'on auoit fait mourir par l'ordre du Roy. La Carauanne partit sur la minuit pour Asmeere.

Le quatriéme, ie fis cinq cosses; ie rencontray vn Chameau chargé de trois cens testes de Rebelles, que le Gouuerneur de Candehar enuoyoit au Roy comme vn present.

Le sixiéme, ie fis quatre cosses. Ie trouuay le Roy dans vne Ville fermée de murailles, nommée Godah, située dans le plus beau pays du monde. C'est vne Ville des plus belles & des mieux basties de toutes celles que j'ay veuës dans les Indes. Il y a force maisons qui ont deux estages; ce qui est fort rare dans les autres. Il y a des ruës pleines de boutiques de toute sorte de marchandises, aussi riches que celles de nos meilleurs Marchands. On y voit plusieurs bastimens superbes, & faits d'vne belle pierre de taille, qui seruent pour rendre la justice, ou pour les autres affaires publiques. Il y a aussi des estangs enuironnez de galeries, soustenuës d'arcades de pierre de taille, & reuestuës de la mesme pierre auec des degrez aussi qui regnent tout autour, & qui descendent jusqu'au fond de l'eau pour la commodité de ceux qui en vont puiser, ou qui veulent prendre le frais. Sa situation est encore plus belle; car elle est dans vne grande campagne, où de course en course on trouue des villages. La terre y est extrémement fertile en bleds, en cottons, & en pasturages. I'y vis vn beau jardin qui a bien deux milles de long, & vn quart de mille de large, & plāté de mangas, de tamarins, & d'autres fruits, & diuisé par allées. Il y a de tous costez de petits Tēples ou

Pagodes : plusieurs fontaines, des bains, des estangs, & des pauillons de pierre de taille bastis en voûte ; & si agreablement, qu'il faut que j'aduouë qu'il n'y a point d'hommes au monde qui ne fût rauy d'auoir a passer sa vie dans vn si beau lieu.

Le septiéme iour, le Mogol passa par cette belle Ville auec toute sa Cour. Elle estoit autrefois beaucoup plus florissante qu'elle n'est à present, parce qu'elle estoit la demeure ordinaire du Prince Raia ou Rasboot auant qu'Ecbarsha l'eust conquise, auec le reste de ses Estats. Ie remarquay mesme en plusieurs endroits, que les plus beaux bastimens de cette Ville s'en vont en ruïne. La raison en est, que les possesseurs des maisons & des autres heritages les negligent ; parce que deuant de retourner au Roy apres leur mort, ils ne veulent pas prendre le soin de les conseruer.

Description du Camp du Mogol.

Le neufiéme, je vis le Camp du Roy, qui est vne des plus admirables choses que j'aye iamais veuës. Cette grande Ville portatiue fut dressée en quatre heures de temps : elle auoit de circuit prés de vingt milles d'Angleterre. Les ruës & les tentes y sont tirées à la ligne, & les boutiques si bien ordonnées, que chacun sçait où il doit trouuer ce qui luy est necessaire. Chaque homme de qualité & chaque Marchand sçait à quelle distance de l'Atasikanha ou Tente du Roy, la sienne doit estre dressée. Il sçait aussi de quel costé il se doit poster, & quelle quantité de terrain il doit occuper, sans que iamais en cela il y ait aucun changement. Et cependant, ces tentes ainsi dressées, enferment vne espace plus grande que la plus grande Ville de l'Europe. On ne peut approcher les pauillons du Roy qu'à la portée du mousquet ; ce qui est maintenant obserué si exactement, qu'on n'y admet personne que ceux qui y sont mandez. Pendant que le Prince est en campagne, il n'y tient point le Durbal apres midy, mais il employe ce temps-là à chasser ou à faire voler ses oyseaux sur les estangs. Il se met mesme quelquesfois tout seul dans vn batteau pour tirer. Il y en a tousiours à sa suite que l'on porte sur des Chariots. Il se laisse voir le matin au Farraco ; mais il y a deffense de luy parler d'affaires en ce lieu-là. Les affaires se traitent la nuit au Gouzalcan : ce n'est pas que ce temps-là qui est destiné pour les affaires, ne soit bien souuent employé à boire auec excez. Il faut que ie dise en passant, que l'on parloit fort à la Cour en ce temps-là d'vne nouuelle alliance entre Sultan Corsoronne & Asaph-chan, & que l'on y esperoit sa liberté.

Charité du grand Mogol vers les pauures.

Le seiziéme, j'allay chez le Roy. Ie le trouuay au retour de la chasse, ayant deuant luy le gibier & le poisson qu'il auoit pris. Il voulut que ie choisisse ce qui m'en plairoit dauantage, & apres il distribua le reste à sa Noblesse. Il auoit au pied de son trône vn pauure miserable vieillard sale & hideux. Le Pays où il estoit, abonde en vne certaine sorte de gens, dont celuy-cy estoit, qui affecte en faisant profession de pauureté, la reputation de personnes saintes. Ces mandians-là sont en vne grande veneration : & en matiere de penitence & de mortification volontaire, ils passent tout ce qui a iamais esté fait ailleurs. Le vieillard dont ie parle, estoit assis auprés du Mogol, en vn lieu où le Prince son fils n'auroit pas osé s'asseoir. Il donna au Roy pour present vn petit gasteau couuert de cendre, & brûlé sur les charbons, qu'il auoit, ce disoit-il, fait luy-mesme. Le Roy le reçeut benignement, en rompit vn morceau, & le porta à sa bouche, encore qu'vne autre personne vn peu delicate en eust eu mal au cœur. Il enuoya querir vne centaine d'écus, & de ses mains propres non seulement il les mit dans vn pan de la veste de ce pauure homme, mais il en ramassa quelques-vns qui estoient tombez à terre. Quand on eust seruy sa collation, il ne mangea rien dont il ne donnast vne partie à ce gueux ; & voyant qu'à cause de sa foiblesse il auoit de la peine à se leuer, il le prit luy-mesme entre ses bras pour l'ayder. Vne personne vn peu propre ne l'auroit pas voulu toucher ; mais ce Prince l'embrassa étroitement, porta trois fois la main sur sa poitrine pour luy faire honneur, & l'appella plusieurs fois sō pere. Nous demeurâmes fort estōnez de voir tant de vertu en vn Mahometan.

Le 26. nous trauersâmes des bois & des montagnes couuertes de halliers. Beaucoup de Chameaux perirent dans cette marche. Beaucoup de gens quitterēt le Camp ; ne pouuant passer outre, tout le monde se plaignoit. I'y perdis ma Tente & mon

Chariot. Vers la minuict, ie rencontray le Roy qui s'estoit arresté deux iours au bas de la montagne, à cause qu'il falloit ce temps-là pour donner loisir à son Camp de se remettre du desordre de ce fascheux passage. Des milliers de Carrosses, de Chariots & de Chameaux, & mesmes beaucoup de Dames du Serrail, demeurerent dans ces montagnes couuertes de bois, sans eau & sans viures. Pour le Roy, il les auoit passées sur vn petit Elephant, qui auroit grimpé sur des rochers où iamais Chameau ny Cheual, ny quelque autre beste que ce soit, ne l'auroit pû suiure.

Le 24. de Ianuier, on eust nouuelles à la Cour que le Roy de Decan ne prenoit pas l'épouuante pour la marche du Mogol; qu'il l'attendoit de pied ferme sur la frontiere auec cinquante mille Cheuaux, apres auoir renuoyé son bagage dans le milieu de ses Estats. Que Sultan Cotonne n'auoit osé passer Mandoa, estonné de la fermeté des ennemis, & de l'approche de Cham-chana. Asaphchan & Normahal qui auoient fait entreprendre ce voïage sur vne fausse supposition, changerent d'auis auec tous les autres qui auoient esté de ce mauuais conseil. Ils dirent au Roy qu'ils auoient crû que le Roy de Decan se seroit rendu, sur la seule apprehension de l'approche de ses troupes; mais qu'éprouuant maintenant le contraire, Sa Majesté feroit mieux de changer son voïage en vne partie de chasse, & tourner teste vers Agra: parce que, disoient-ils, le Decan n'estoit pas vn ennemy qui meritast qu'vn si grand Monarque l'allast combattre en personne. Le Roy leur répondit, que cette consideration venoit trop tard; que s'estant engagé si auant dans cette entreprise, il y alloit de son honneur de ne l'acheuer pas; qu'il vouloit suiure le premier conseil qu'on luy auoit donné, & en courir la risque. Il détachoit tous les iours des troupes fraîches, pour enuoyer des recreuës à l'Armée, & les prenoit quelquesfois entre celles qui l'accompagnoient. Il en auoit fait tirer aussi des Prouinces circonuoisines, jusqu'au nombre, disoit-on, de trente mille Cheuaux; mais peut-estre que si on leur eust fait faire monstre, on en auroit trouué moins.

Le troisiéme Feurier, ie m'éloignay vn peu de la route du Camp, pour me mettre à l'ombre d'vn grand arbre. Sultan Corsoronne, fils aîné du Roy, y vint aussi monté sur son Elephant pour y chercher la mesme commodité. Il n'auoit quasi point de gardes ny de suite. Ses gens eussent voulu que ie luy eusse cedé la place. Pour luy, il me traita auec beaucoup d'honnesteté. C'est vn fort bon Prince, & qui a l'air d'vn galant homme. Il auoit laissé croistre sa barbe dans la prison, & elle luy descendoit jusques à la ceinture. Les questions qu'il me fit, monstroient assez qu'il ne sçauoit rien de ce qui s'estoit passé à la Cour, & qu'il n'auoit iamais entendu parler qu'il y eust vn Ambassadeur d'Angleterre, ny des Marchands de nostre Nation.

Il ne dit point comment il sortit de prisõ, soit que Rhoë l'ait oublié, ou que Purchas l'ait obmis, ce qui se verra mieux dans l'histoire de ce païs que dãs ces memoires.

Le sixiéme iour sur la nuict, nous arriuâmes à vne petite Ville nouuellement rebastie. Les tentes du Roy furent dressées assez prés de cette Ville, dans vn lieu agreable, sur la riuiere de Septa, & à vne cosse d'Vgen, qui est la principale Ville de la Prouince de Mulvva. Cette place est appellée Callcada; c'estoit autrefois la residence des Roys de Mandoa, Gentils de Religion. On dit qu'vn de ces Princes estant tombé dans la riuiere; & ayant esté pris par les cheueux par vn de ses esclaues qui nâgeoit fort bien, lors qu'il fut retourné de cét estonnement, & qu'on luy dit le seruice que luy auoit rendu cét esclaue, pour luy en faire donner quelque recompense; Il luy demanda comment il auoit eu la hardiesse de mettre la main sur la teste de son Prince, & le fit mourir.

Mort d'vn Roy de Mandoa.

Quelque-temps apres s'estant enyuré; & estant seul assis auprés d'vne de ses femmes sur le bord d'vn batteau, il tomba dans l'eau. Cette femme le pouuoit aisément sauuer, mais elle se garda bien de le faire, disant qu'elle s'estoit souuenuë de l'histoire de l'esclaue, & qu'elle auoit eu peur que le Prince ne luy fist couper la teste pour recompense de ce seruice.

L'onziéme, le Roy fut à Vgen pour y voir vn Deruis ou vn Saint qui vit dans la montagne, & que l'on tient estre âgé de trois cens ans; mais ie crois que cette merueille ne merite pas qu'on l'examine. Apres midy, ie reçeus vne Lettre que m'apporta vn homme de pied, auec nouuelles que le Prince, nonobstant tous les Firmans & tous les ordres de son pere, auoit pris de force les presens que l'on m'enuoyoit. Mr Terry, entre les mains de qui on les auoit mis, luy representa inutilement que les presens estans pour le Roy, il n'y deuoit pas toucher, il n'y eut aucun égard; & obligea ceux qui les conduisoient, de retourner auec luy à Brampore. Il deffendit à la verité qu'on n'ouurist pas les caisses, mais il pressoit les Anglois de le permettre. Ceux-cy le refusoient, selon l'ordre que ie leur auois donné. Il crût en pouuoir venir à bout, en les traitant mal. C'est son ordinaire de vouloir voir tous les presens & toutes les marchandises, deuant que le Roy les ait veuës, afin de choisir le premier.

Deuant que ie peusse auoir connoissance de la violence qu'il faisoit à mes gens, il écriuit au Roy qu'il auoit fait arrester certaines marchandises appartenantes à des Anglois, sans faire aucune mention des presens, & qu'il le prioit de luy permettre de faire ouurir les caisses, & d'acheter les choses qui seroient à son vsage. I'en eus auis, & ce procedé ne pouuant estre appuyé de personne, ie resolus d'en demander justice. Ie crûs d'abord qu'il me falloit addresser à Asaphchan; car si j'eusse passé par d'autres mains, il l'auroit pris pour vne injure. D'vn autre costé, ie n'osois m'y fier, & j'apprehendois qu'il ne preuint le dessein que j'auois de m'addresser au Roy. Enfin, ie me resolus de luy enuoyer dire seulement que ie souhaittois auoir audiance du Roy au Gouzalcan.

Ce pretendu Prophete que le Roy estoit allé voir peu auparauant, m'en fit naistre l'occasion. I'informay mon nouuel Interprete, de ce qu'il deuoit faire; & estant monté à Cheual, ie pris le chemin par où le Roy deuoit reuenir. Ie le rencontray sur vn Elephant. Ie mis pied à terre, & luy fis connoistre que ie luy voulois parler. Il se tourna vers moy; & preuenant la plainte que ie luy voulois faire; ie sçay, me dit-il, que mon fils à pris vostre marchandise & mes presens. Ne vous en mettez point en peine, il n'ouurira point vos caisses, & ne touchera point aux coffres. Ce soir, ie t'enuoyeray vn ordre de vous les remettre entre les mains. Il accompagna cette promesse d'autres discours fort ciuils; & comme il connut que j'auois sujet de me plaindre, il commença le premier pour m'appaiser. Durant le chemin, ie n'en pûs tirer dauantage; mais la nuict estant venuë, ie fus au Gouzalcan, sans m'addresser à Asaphchan, auec resolution de continuer à me plaindre de l'arrest de mes marchandises, & de tous les autres mauuais traitemens que nous auions reçeus à Surate. Aussi-tost que ie fus entré, le Roy appella mon Interprete, & luy dit qu'il auoit écrit, & qu'il auoit enuoyé vn second ordre, & que ie ne perdrois pas la moindre chose. Ie luy fis dire que l'affront qu'on nous auoit fait, & les mauuais traitemens des Officiers du Prince, auoient mis nostre patience à bout. Il me répondit que pour ce qui estoit passé, il le falloit oublier. Ie vis bien que tant que Asaphchan seroit mon entremetteur, ie n'en tirerois satisfaction qu'en des paroles. C'est pourquoy ie me resolus de ne pas porter la chose plus auant ce iour-là, & d'attendre quelque occasion de parler au Roy lors que mon Infidelle mediateur n'y seroit pas. Le Roy se mit à entrer dans les controuerses de la Religion, & à parler de celles des Iuifs, des Chrestiens, & des Mahometans; le vin l'auoit rendu de si belle humeur, qu'il se tourna vers moy, & me dit, ie suis le Roy; vous serez tous les bien-heureux dans mes Estats, Mores, Iuifs, Chrestiens. Ie ne me mesle point des Controuerses de vos Religions, viuez tous en paix dãs mes Estats, vous y serez à couuert de toute sorte d'injures, vous y viurez auec seureté, & j'empescheray que personne ne vous opprime. Il repeta plusieurs fois ce mesme discours; & enfin estant tout à fait yvre, il se mit à pleurer, & à se laisser emporter à d'autres passions, nous tenant ainsi iusques à minuit.

Chacun peut iuger la peine où j'estois, de ce que les Facteurs auoient gardé 4. mois les marchandises pour les voir apres tant de temps entre les mains du

Prince. Il arriua deux iours apres de Brampore : ce nous estoit cependant vne nouuelle injure, de voir qu'on ne nous faisoit point de justice de la premiere. Mais considerant qu'enfin l'affaire n'estoit plus en son entier, que j'auois commencé à me plaindre du Prince, & qu'il estoit desia beaucoup aigry contre moy de ce que j'auois fait ; ie creus, puis qu'il le falloit perdre tout à fait, qu'il se falloit resoudre à tout, & faire nos derniers efforts auprés du Roy. I'attendois l'occasion de le pouuoir faire à propos, & à l'heure mesme ie renuoyay le messager que le Sieur Terry m'auoit dépeché, auec ordre de demeurer où il le rencontreroit, & d'y attendre la réponse du Roy, que ie luy enuoyerois en toute diligence. Cependant, le Roy s'estoit fait apporter secrettement les caisses, & les auoit fait ouurir, ie pris en moy-mesme la resolution de m'en vanger ; & dans vne audiance qu'il me donna, ie luy en fis mes plaintes. Il me reçeut auec des flatteries basses, & encore plus indignes de sa qualité, que l'action qu'il auoit faite. Ie crois qu'il le fit pour me donner quelque satisfaction, voyant à mon visage que j'estois outré au dernier point. Il cõmença donc à me dire qu'il y auoit trouué diuerses choses qui luy plaisoient extrémemẽt ; entre-autres, deux coussins en broderie, vn verre trauaillé à iour, qu'il auoit aussi retenu les dogues ; que si entre ces choses-là il y en auoit quelqu'vne que ie ne luy voulusse pas dõner, il me la rendroit, & qu'il vouloit que ie fusse content. Ie luy dis qu'il y en auoit peu que ie ne luy eusse destiné ; mais que c'estoit vn procedé fort inciuil à l'égard du Roy d'Angleterre mon Maître, & que ie ne sçauois cõment luy faire entendre que les choses qu'il donnoit en present auoient esté saisies, & non point presentées par mes mains à ceux à qui elles estoient addressées. Que quelques-vns des presens estoient pour le Prince & pour la Reyne Normahal. Que les autres deuoient demeurer entre mes mains pour m'en seruir dans les occasions, & disposer par là Sa Majesté à nous proteger contre les injures que les estrangers nous faisoient tous les iours. Qu'il y en auoit pour mes amis, ou pour mon vsage particulier. Que le reste appartenoit aux Marchands, & qu'ainsi ie n'en pouuois pas disposer. Il me pria que ie ne trouuasse point mauuais qu'il se les eust fait apporter ; qu'il auoit trouué ces choses si belles, qu'il n'auoit pas eu la patience d'attendre que ie les luy presentasse. Qu'en cela il ne m'auoit point fait de tort, pource qu'il croyoit que mon intention estoit, que dans la distribution des presens il fust seruy le premier. Que pour le Roy d'Angleterre, il luy en feroit satisfaction & mes excuses. Aussi, que le Prince, la Reyne Normahal & luy, n'estoient qu'vne mesme chose ; & quant aux presens qui deuoient estre reseruez pour les occasions où j'aurois besoin de sa faueur, ce n'estoit qu'vne ceremonie tout à fait inutile, parce qu'il me donneroit audiance en quelque-temps que ce fust ; & que ie serois bien receu, quand mesmes ie viendrois le voir les mains vuides, puis qu'il voyoit bien qu'il n'auroit pas tenu à moy d'y venir autrement. De là, il se mit sur le discours de son fils, & me dit qu'il me rendroit quelque chose de ce qu'il auoit pris, & qu'il feroit contenter mes Marchands sur les marchandises qui leur appartenoient. Il conclud enfin cette longue suite de raisons, en me priant que ie ne prisse point en mauuaise part la liberté qu'il s'estoit donnée sans aucune intention de me faire tort. Ie ne répondis rien à tout cela ; sur quoy il me pressa de luy declarer ma pensée, me demandant diuerses fois si j'estois content ou non. Ie luy répondis que j'estois fort satisfait, de voir que Sa Maiesté le fust. Il tourna les yeux sur le Sieur Terry, que j'auois amené auec moy à l'audiance ; & luy dit, Padre, vous soyez le bien-venu. Cette maison est à vous ; vous deuez faire vostre compte là dessus. Toutes les fois que vous me voudrez parler, vous aurez les entrées libres, & ie vous feray toutes les graces que vous me pourrez demander. Apres luy auoir ainsi parlé, il s'addressa à moy derechef, auec tout l'art dont les plus fins se peuuent seruir, & se mit à faire le dénombrement de toutes les choses qu'il m'auoit fait enleuer. Il

Terry estoit vn Ministre.

commença par les dogues, les coussins, & l'estuy de Barbier; & en soûriant, vous ne voulez pas, me dit-il, que ie vous rende ces choses; car ie suis bien aise de les auoir. Il en faut demeurer d'accord, luy répondis-je. Pour les verres de ces deux caisses, adjousta-il, ils sont fort communs, pour qui les auiez-vous fait venir? Ie dis que l'vne des caisses estoit pour Sa Majesté, & l'autre pour Normahal. Hé bien! ce dit-il, ie n'en retiendray qu'vne. Et ces chappeaux, adjoûta-il, à qui sont-ils? Ils plaisent fort à mes femmes. Ie répondis qu'il y en auoit trois pour Sa Maiesté, & que le quatriéme estoit pour mon vsage. Pour ceux-là, vous ne me les voulez pas oster, continua-il, car ie les trouue beaux. Pour le vostre, ie vous le rendray si vous en auez besoin; mais vous m'obligerez beaucoup de me le donner. Il en fallut demeurer d'accord. Et ces peintures, disoit-il, à qui sont-elles? Elles m'ont esté enuoyées, luy dis-ie, pour en disposer selon les occasions & l'exigence de mes affaires. Il commanda qu'on les luy apportast; & ayant fait ouurir la caisse où elles estoient, il me fit plusieurs demandes sur les femmes qui y estoiét peintes, & d'autres questions semblables. Il se tourna sur ceux de la Cour qui estoient les plus prests de luy, & les pressa de luy donner l'explication d'vn tableau dans lequel il y auoit vne Venus & vn Satyre. Il deffendit à mon Interprete de m'expliquer ce qu'il disoit sur ce suiet. Il faisoit remarquer à ses courtisans les cornes du Satyre, sa peau qui estoit noire, & diuerses autres particularitez de cette peinture. Chacun d'eux l'expliqua selon son sens; mais le Roy leur dit apres les auoir ouys, qu'ils se trompoient, & qu'ils en iugeoient mal. Pour luy, il ne declara point sa pensée, & commanda de nouueau à l'Interprete de ne me point expliquer ce qui s'estoit dit sur ce tableau, mais de m'en demander mon sentiment. Ie luy répondis que ie croyois que c'estoit vne inuention du Peintre, pour faire paroistre ce qu'il sçauoit, & que c'estoit la coustume de tous ceux de son Art, de se seruir ordinairement des fictions des Poëtes pour en tirer le suiet de leurs tableaux. Que ie ne luy pouuois rien dire dauantage sur l'explication de cette peinture, puisque c'estoit la premiere fois que ie la voyois. Il demanda aussi au Sieur Terry le iugement qu'il en faisoit, qui confessa comme moy son ignorance. Le Roy luy demanda, pourquoy donc m'apporter vne chose dont vous ne sçauez point la signification? Ie pris la parole, & dis au Roy que nostre Ministre ne se méloit point de semblables choses; qu'on ne les luy auoit pas données en garde, mais qu'il estoit seulement venu auec nos marchandises, pour en auoir la conduite par le chemin.

Vn Satyre qu'vne femme meine par le nez, dont on fait grād bruit.

Ie rapporte cecy pour l'instruction de nos Messieurs de la Compagnie des Indes, & de tous ceux qui succederont à ma place, les aduertissant qu'ils n'enuoyent point en ces quartiers des choses qui soient suiettes à mauuaise interpretation; car en ce poinct ils sont fort soupçonneux. En effet, quoy que le Roy ne voulust pas dire ses sentimens, ie creus neantmoins auoir connu par les propos qu'il auoit tenu, qu'il s'imaginoit que cette peinture estoit faite en derision des peuples de l'Asie, & qu'il auoit opinion qu'ils y estoient representez par le Satyre, comme estans d'vne mesme complexion; & que la Venus qui menoit le Satyre par le nez, representoit le grand empire que les femmes de ce Pays-là ont sur les hommes. Pour moy, il ne me pressa pas dauantage d'en donner mon iugement; & comme il estoit persuadé que ie n'auois iamais veu ce tableau, il crût que l'ignorance sur laquelle ie m'excusois estoit sans artifice. Ce soubçon que ie viens de dire, luy demeura toutefois dans l'esprit; & sans témoigner d'en estre offensé, il me dit qu'il receuoit cette peinture comme vn present que ie luy faisois. Pour ce qui est de la selle & des autres bagatelles, adiousta-il, ie veux qu'il les enuoye à mõ fils à qui elles sont propres. Ie luy écriray aussi suiuant la promesse que ie vous en ay faite, auec des ordres si exprés, que vous n'aurez point besoin auprés de luy de solliciteur. Il accõpagna ces offres de tãt de cõplimēs, d'excuses, & de protestatiōs, & qui ne pouuoiēt venir que d'vne ame, ou fort genereuse, ou fort basse, il n'ē

demeura

demeura pas là. Il demanda ce que vouloient dire les figures de ces bestes, & si on me les auoit enuoyées pour les luy presenter. On m'auoit auerty qu'elles estoient fort ridicules & fort mal-faites, & que la peinture mesme s'en estoit écaillée en plusieurs endroits. En vn mot, à les bien priser, ce n'estoit rien que de vilaines masses de bois. Ie luy répondis qu'on n'auoit pas eu intention de luy faire present d'vne si mauuaise chose; mais que ces bestes auoient esté enuoyées pour faire voir la forme des animaux qui sont les plus communs en nos Pays. Il me repartit aussi-tost; Hé quoy! pensoit-on en Angleterre que ie n'eusse point encore veu de Cheual ny de Taureau? Rien moins que cela, luy répondis-je; mais celuy qui les a enuoyez est vn homme d'vne condition ordinaire, qui m'a voulu témoigner son affection, en me faisant present de ces bagatelles. Et bien, bien, dit le Roy, ie les veux garder; mais il faut que vous m'aydiez à me faire auoir vn grand Cheual de ceux de vostre Pays. C'est tout ce que ie vous veux demander, auec deux de vos Lévriers d'Irlande, vn masle & l'autre femelle, & des autres especes de Chiens dont vous vous seruez pour la chasse. Si vous me les faites venir, ie vous jure en parole de Prince que ie vous en recompenseray, & que ie vous accorderay plus de priuileges que vous ne m'en pourrez demãder.

Le Mogol répondit à cette difficulté qu'on luy faisoit sur le transport des cheuaux; qu'il ne se soucioit pas qu'ils fussẽt en mauuais estat lors qu'ils arriueroient, & qu'il les auroit bien-tost remis en les nourrissant de beurre & de succre.

Ma réponse fut, que ie ne manquerois pas d'en faire mettre sur les Vaisseaux de la premiere Flotte; mais que ie ne pouuois pas répondre qu'ils peussent resister à vn si long voyage, & qu'en cas qu'ils vinssent à mourir, pour marque de mon obeyssance, ie luy en ferois voir les os & les peaux. A ce discours il s'inclina plusieurs fois, il porta la main sur sa poitrine, & me témoigna tant de faueur, de familiarité, & de biẽ-veillance, que tous ceux qui se trouuerent presens, asseurerent qu'il n'en auoit iamais tant fait à personne. Ce fut là ma recompense. Il me dit encore, qu'il vouloit reparer l'injure qui m'auoit esté fait, & me renuoyer à mon Païs comblé de graces & de faueurs dignes d'vne personne de ma condition. Mais voyant qu'on ne me donnoit que des paroles pour les marchandises qui auoient esté saisies, ie redemanday à Sa Majesté les pieces de velours & les pieces de soye, comme marchandises appartenantes aux Marchands, luy faisant croire que les Marchands ne les auoient fait mettre dans mes coffres, que pour éuiter les mains des Officiers du Prince. Il fit appeller Maistre Bidolph pour en faire le prix auec luy, & le contenter. Ie luy presentay alors vn Memorial où estoient estendus au long les priuileges & les franchises que nous esperions de luy, luy disant que si il ne me les accordoit, ie serois obligé de retourner vers mon Prince, auec le déplaisir de luy auoir esté inutile en cét employ, & d'auoir par là merité sa disgrace. Ie luy demanday aussi justice pour le payement de ce que nous deuoit Sulpheckarkon qui estoit mort depuis peu; il me dit qu'il en parleroit à son fils, & de nos affaires de Surat; que nous n'aurions desormais aucun sujet de nous en plaindre, ny des Officiers de son Gouuernement. Il donna mesmes pour cét effet quelques ordres sur le champ, & me promit de me mettre entre les mains des ordres pour les Gouuerneurs des autres places. Enfin, dit-il, ie vous monstreray en toutes rencontres que ie vous aime beaucoup, & que ie veux que vous retourniez auec honneur en vostre païs. Il ajoûta qu'il enuoyeroit en mesme temps vn magnifique present au Roy d'Angleterre; qu'il l'accompagneroit d'vne lettre où il luy rendroit témoignage de mes bons seruices; & me pressa en suitte de luy dire quel present ie croyois deuoir estre le plus agreable au Roy d'Angleterre. Ie luy respondis qu'il me siéeroit mal de luy demander vn present; que ce n'estoit point la maniere de nostre Païs, qu'il y iroit de l'honneur du Roy mon Maistre d'en vser de la sorte, mais que ie l'asseurois que quoy qu'il enuoyast, il le receuroit auec beaucoup de ioye, comme venant d'vn Prince qu'il estimoit & qu'il aimoit beaucoup. Il me dit que peut-estre ie croyois qu'il me faisoit cette demande en raillant; qu'il voyoit bien par là que i'estois mal satisfait; mais qu'il me conjuroit de croire qu'il estoit mon amy. Que ie l'esprouuerois à la fin, & iura par sa teste que c'estoit tout de bon, & qu'il vouloit enuoyer vn present en Angleterre. Il fallut par force luy nommer quelque chose digne d'estre enuoyé si loing. Ie luy dis que selon ma pensée, les grands tapits de Perse seroient fort propres, parce que mon Maistre n'attendoit pas des presens de grande valeur. Il dît qu'il en feroit mettre ensemble de toutes sortes de grandeurs & de façons, & qu'il y adiousteroit ce qu'il croyoit estre le plus propre pour faire voir au Roy d'Angleterre combien il l'estimoit. On auoit mis deuant luy diuerses pieces de venaison. Il me donna la moitié d'vn Dain, & me dit en me le donnant, qu'il l'auoit tué de sa main propre, & qu'il auoit destiné l'autre moitié pour ses femmes. En effet cette autre moitié fut coupée sur le champ en plusieurs pieces de quatre liures chacune. Et à l'instant mesme, le troisiéme fils du Roy & deux femmes vinrent du Serrail, & prirent ces morceaux de viande entre leurs mains, & les porterent dans le Serrail comme des gueux à qui on les auroit donnez par charité auroient pû faire. Si l'affront qu'on m'auoit fait, eust pû estre reparé par des paroles, ie deuois estre content de celles que ce Prince me dit ce iourlà; mais ie crû que ie deuois continuer à me plaindre, craignant qu'il ne m'eust fait toutes ces auances pour m'éprouuer, & pour voir si j'estois satisfait. Il me demanda si ie n'estois pas content de luy; Ie luy répondis que sa faueur pourroit aisément remedier aux injustices qu'on m'auoit faites dans ses Estats. Ie n'ay qu'vne question à vous faire, me dit-il, quand ie songe aux presens que vous nous auez apportez depuis deux ans. Ie me suis estonné plusieurs fois que le Roy vostre Maistre vous ayant enuoyé auec la qualité d'Ambassadeur, vos presens neantmoins se soient trouuez si inferieurs en qualité & en nombre à ceux qu'vn Marchand qui a esté deuant vous icy, y auoit apportez, & auec lesquels il auoit gagné l'affection de tout le monde. Ie vous reconois pour Ambassadeur; vostre procedé me semble estre d'vne personne de condition, & cependant ie ne puis comprendre que l'on vous entretienne icy auec si peu d'éclat. Ie voulois répondre à cette interrogation, mais il m'interrompit. Ie sçay assez bien, continua-il, que ce n'est ny vostre faute ny celle de vostre Prince; ie veux vous faire voir que ie fais plus d'estime de vous, que n'en font ceux qui vous ont enuoyé. Lors que vous retournerez en Angleterre, ie veux que ce soit auec honneur & auec recompense, & vous charger d'vn present pour vostre Maistre, sans auoir égard à ceux que vous m'auez presenté, vous priant seulement d'vne chose, que ie ne voudrois point cōmettre aux Marchands. C'est de me faire faire en vos quartiers vn carquois pour mettre des fléches, vn estuy pour mon arc, dont ie vous feray donner le modele, vn coussin à ma maniere pour dormir dessus, vne paire de brodequins que vous ferez broder en Angleterre le plus richemēt que faire se pourra, & vne cotte de mailles pour mō visage. Ie sçay qu'en vos quartiers on trauaille mieux qu'en lieu du monde, & si vous m'enuoyez ces choses, vous sçauez que ie suis vn puissant Prince, & vous éprouuerez que vous n'aurez rien perdu à vous charger de cette commission. Ie l'asseuray que ie l'executerois soigneusement. Il commanda à Asaph-chan de m'en enuoyer les modeles. Il me demanda en suite si ie n'auois point de vin de grappe; Ie luy répondis que j'en auois. Il me dit qu'il en vouloit taster la nuict suiuante, & que s'il le trouuoit bon il s'en vouloit donner au cœur-joye. La soirée s'estant passée dans cette longue conuersation, le Prince se leua, & me donna congé.

Le 3. de Mars, j'arriuay à Mandoa, le Roy y deuoit faire son Entrée, mais le iour n'estoit point encore arresté; car on attendoit que les Astrologues luy eussent marqué l'heure la plus fauorable pour cette ceremonie; tellement que nous demeurâmes dehors en attendant ce moment bien-heureux.

Le sixiéme, j'entray à Mandoa. Mes gens que j'y auois enuoyez pour me chercher vn logement, auoient pris possession d'vne grande enceinte fermée de bonnes murailles, où il y auoit vn Temple & vn Monument.

Quelques gens de la Cour s'y estoient aussi logez ; mais ie ne laissay pas de m'en conseruer la possession, comme du meilleur logement qui fust dans toute la Ville; en y faisant fort peu de dépense, on l'auroit rendu tout à fait commode, l'air y estoit bon, & la veuë fort agreable ; car cette maison estoit sur le haut d'vne eminence. Il est vray qu'il y auoit cette incommodité, qu'elle estoit éloignée de deux milles du Palais du Roy.

Le 11. ie me mis en chemin pour aller trouuer le Roy, mais on me dit qu'vn Lyon ayant tué quelques cheuaux de l'équipage, il luy auoit voulu donner la chasse, & qu'il estoit sorty pour ce dessein là. I'employay quelque-temps pour faire chercher de l'eau ; car la Ville estant sur vne hauteur & aux enuirons, il n'y auoit ny puits ny autre reseruoir d'eau, tant est grande la preuoyance des gens de ce païs. Toute cette multitude de monde qui y estoit, se vid en danger de perir de soif : les principaux Seigneurs de la Cour auoient pris possession du peu de puits qui se trouuerent en la campagne voisine, de l'eau, il ne me fut pas possible d'en auoir. Tous les pauures gens furent obligez de quitter la Ville, & l'on publia mesme vn ordre, par laquelle il estoit commandé de mettre dehors le bestail & les Chameaux. Tous ceux qui se trouuerent sans faueur, furent obligez d'aller chercher d'autres demeures à trois ou quatre lieuës de là : ce qui causoit vn desordre incroyable dans la Cour, & rendoit les viures fort chers. En mon particulier, j'estois assez en peine de la resolution que ie deuois prendre; car ma maison estoit fort bonne : & quoy que ie fusse éloigné des marchez aussi bien que de l'eau, ie m'imaginois neantmoins que j'y pourrois demeurer auec plus de commodité que ie n'aurois fait à la campagne, où il auroit fallu camper. Ie montay donc à cheual pour chercher de l'eau moy-mesme ; ie trouuay vn puits que l'on gardoit pour vn Cham à qui le Roy l'auoit donné. Ie luy fis connoistre le besoin que i'auois de sa courtoisie, il m'accorda quatre charges d'eau par iour. Ie reçeus cette faueur comme ie deuois, & ie m'en retournay à mon logis fort satisfait ; & les iours suiuans, ayant vendu quelques marchandises, & m'estant défait de quelques-vnes de mes voitures, ie me sauuay de la misere publique. Ie ne laisseray pas de dire que i'ay souffert dans des voïages que i'ay faits à la suite de la Cour du Mogol, toutes celles qu'vn mauuais gouuernement & vn climat intemperé peuuent faire souffrir aux hommes.

§. VIII.

Affaires des Marchands Anglois. Feste du iour de la Naissance du Roy.

LE 12. de Mars, ie presentay au Roy pour Estreines vne belle paire de coûteaux & six verres, de la part de la Compagnie. Il reçeut bien l'excuse que ie luy fis sur la petitesse de ce present; & me témoigna beaucoup de bonté, ce qui estoit toute ma consolation ; il me dit que ie ne luy pouuois faire de present, quelque petit qu'il fut, qui ne luy fust tres-agreable; qu'il y consideroit principalement l'affection auec laquelle ie le faisois, & que c'estoit maintenant à luy à me donner quelque chose. I'apperçeus à costé du Prince vne personne de la Cour qui s'estoit bien acquittée de la promesse qu'elle m'auoit faite ; car ie trouuay que le Roy auoit esté instruit par son moyen des choses que ie desirois. Il commanda aussi sur le champ à vn de ses Officiers, de faire venir Maistre Bidolff, & qu'on luy payast l'argent qu'il demandoit. Tous nos autres debiteurs eurent ordre de payer ce qu'ils deuoient à la Compagnie.

Cela ainsi ordonné, le Roy me commanda de monter sur les degrez de son Tróne, & de m'approcher de luy. Ie luy obeys, & trouuay d'vn costé l'Ambassadeur de Perse ; & de l'autre, le vieux Roy de Candahar. A peine auois-je pris ma place prés de ce

Prince, qu'il me demanda vn coûteau que ie luy enuoyay le iour suiuant. Le Roy appella en suitte l'Ambassadeur de Perse, & luy donna des pierreries & vn ieune Elephant. Il se mit à genoux, & donna de sa teste contre les degrez du Thrône pour le remercier. Ce Trône là estoit le mesme qui auoit seruy l'année passée, & auoit les mesmes accompagnemens. Au haut du Thrône estoient les portraits du Roy mon Maistre, de la Reine, de Madame Elizabeth, du sieur Thomas Sunth, auec quelques autres peintures. Au dessous il y auoit deux pieces d'vne tapisserie de Perse tres-fine. Ce Thrône, comme i'ay desia dit, estoit d'or semé de rubis, d'esmeraudes & de turquoises. A costé sur vn petit échafaut estoit vne troupe de Musiciennes Courtisannes. I'écriuis ce jour-là à nos Facteurs à Surat les nouuelles que j'auois reçeuës de Perse, & les negociations du nouuel Ambassadeur Persan en cette Cour: Ie leur manday aussi de faire souuenir Abraham-Chan Gouuerneur de Surat de la promesse qu'il m'auoit faite. Il m'escriuit peu apres, & me mandoit par sa lettre, que durant son absence nostre Nation auoit receu à la verité quelques mauuais traittemens, mais que son pouuoir ayant esté augmenté par le Prince, il vouloit que ie demeurasse persuadé que tant qu'il seroit en credit, non seulement il ne souffriroit point que l'on nous fist aucun tort, mais que l'on nous accorderoit plus de libertez & de priuileges que nous n'en auions eûs par le passé. Le 30. j'enuoyay faire vn cõpliment à Asaph-Chan. Ie l'accompagnay d'vn bõnet de nuict bien trauaillé, & d'vne paire de gans: L'vn & l'autre luy furent presentez de ma part. Pour les gands il les renuoya comme vne chose de nul vsage en ce païs. Il receut bien le bonnet, & me fit demander vn peu de vin d'Espagne que ie luy enuoyay le iour suiuant. Sur le soir Aganor m'enuoya vn Banjan son Secretaire, pour me dire qu'il auoit ordre d'expedier l'affaire des marchandises; & qu'il enuoyeroit exprés vn de ses gens pour acheuer cette affaire auec Maistre Bidolff; que l'on m'enuoyeroit à mon logis les patrons des choses que le Roy desiroit de moy, & qu'il me vouloit donner vne veste & de l'argent pour la dépense du voyage que i'auois à faire vers mon Prince. Ie luy dis que ie ne me seruois point de ces vestes à l'Asiatique, & que ie n'auois point affaire d'argent. Que si il plaisoit à sa Majesté de cõsiderer les iniures qu'on nous auoit faites, & de jetter les yeux sur le memoire que ie luy en auois presenté, & nous faire justice, ou nous la faire faire par le Prince, c'estoit la seule grace que i'attendois de sa bonté.

C'est le firede ou la maniere du Pays, de faire la reuerẽce au Roy.

Le 21. ie ne peûs pas presser dauantage le Roy sur les affaires de la Compagnie. Ie découuris seulement le soubçon qu'il auoit que nous n'eussions dessein de quitter son païs à la dérobée. Pour ce qui est du Prince, soit qu'il eust en effect apprehension de nos Vaisseaux, ou qu'il se voulut seruir de cette crainte pour ses fins particulieres, il auoit donné à entendre au Roy dés l'année precedente, que les Anglois auoient dessein sur Surat. A quoy il faut auoüer que la folie de quelques-vns de nostre Nation donna quelque sujet. Car il n'y a pas long-temps qu'à l'occasion d'vne de leurs querelles ordinaires, ils firent descendre à terre deux cens mousquetaires, & les firent marcher vers Surat. Et ces soldats estant rencontrez par des gens du Païs, leur dirent en raillant, qu'ils marchoient pour prendre la ville. Quoy que cette menace fut ridicule, & qu'il n'y eust point d'apparence qu'vne poignée de gens peût entreprendre de passer douze mille de Pays ennemy, & attaquer vne ville fermée où il y auoit plus de mille cheuaux, & autant de mousquetaires; qu'il y eust de plus vne riuiere à passer, que peu de gens auroient pû deffendre contre vne grande armée: La chose ne laissa pas de donner du soubçon, & de passer aupres des plus sages pour vn mespris & pour vne iniure faite à toute la nation. Le Prince s'en seruit pour vn dessein qu'il auoit en teste depuis long-temps, qui estoit de fortifier la ville & le chasteau; ce qu'il fit, & commença par la fortification du Port, où il fit descendre de l'artillerie pour le deffendre. Ces fortifications luy pouuant seruir vn iour, pour luy asseurer cette place, & vne porte de derriere ouuerte s'il estoit iamais obligé de fuïr la vengeance de son frere. Cette rencontre, les mescontentemens que ie receuois dans le païs, quelques paroles libres qui m'eſchapperent, l'empreſſement que j'auois d'aller à Brampore, les nouuelles qui couroient que nous auions pris Goa, & que nous preparions vne grande Flotte en Angleterre, augmentoient ce ſoubçon dans l'eſprit du Roy. Il l'auoit tenu long-temps caché; enfin, il ſ'en ouurit apres dans vn diſcours qu'il me fit, & il demeura ſatisfait de ce que ie luy en dis. Pour moy ie ne l'eſtois point, car il y auoit long-temps qu'on me repaiſſoit de paroles; & ie connoiſſois auſſi bien que luy-meſme, que la ſeule apprehenſion qu'il auoit de nos Vaiſſeaux l'obligeoit à nous retenir.

Les plaintes que l'on fait des mal-verſations des Officiers, ſont ſi odieuſes en cette Cour-là, qu'elles attiroiẽt contre moy tout ce qu'il y auoit de perſonnes de condition qui ſ'interreſſoient dans cette affaire, comme dans vn intereſt qui leur eſtoit commun. En effet, ils tiennent à Ferme tous les Gouuernemens du Pays, où ils pratiquent toutes ſortes de tyrannies contre ceux qui ſont ſous leur dépendance, & ne ſçauroient ſouffrir que l'on ſ'ouure vn chemin pour faire paruenir jusques aux oreilles du Roy leurs injuſtices. Ils preſſent ſouuent les poulces à ceux de leur Gouuernement pour tirer d'eux de l'argent, ils apprehendent tous que le Roy n'en ſoit informé; & c'eſt ce qui me faiſoit conſiderer & hayr en la Cour du Mogol, comme vn rapporteur. Tyrannie des Gouuerneurs.

Le 25. d'Auril 1617. ie reçeus vne Lettre de la Rade du Port de Dabul, écrite par le Capitaine Papvvel, par laquelle il m'écriuoit conformément aux aduis que j'en auois deſia reçeus; qu'il auoit arreſté le Ioncq qui eſtoit fretté pour le Port de Moca; mais qu'ayant fait reflexion depuis ſur l'ordre que ie luy auois donné d'examiner en cela la correſpondance qui eſtoit entre le Prince, & celuy qui commandoit dans Maſulipatan, où eſtoit vn de nos Vaiſſeaux nommé le Salomon, & d'où il ne pouuoit ſortir ſans ſon congé; & trouuant qu'il y auoit amitié entre ces deux Princes, il auoit mis le Ioncq en liberté ſans en rien prendre. Que cette courtoiſie luy auoit fait receuoir vn meilleur traitement dans cette coſte; que le Pays ne porte, outre la liberté du trafic & l'aſſeurance de prendre de nous tous les ans trois cens pieces de drap, vne bonne quantité de plomb qui ſeroit payé en argent, & quelques pieces d'Artillerie. Ce que ie n'approuuay pas fort, à cauſe qu'elles deuoient eſtre employées pour le ſeruice des Indiens & des Princes alliez des Portugais, qui ſont ennemis du Mogol; j'aurois conçeu de ces offres que le Gouuerneur me fit faire, quelque eſperance de pouuoir eſtablir noſtre trafic dans ce Port, ſi ie n'euſſe crû qu'elles venoient ſeulement de l'enuie que j'auois de rauir le Ioncq ou Vaiſſeau qui eſtoit en la diſpoſition de Papvvel. Cette facilité à rendre le Ioncq, m'aſſeuroit d'autre coſté que ce Capitaine Papvvel qui l'auoit pris, n'eſtoit pas perſonne à rien entreprendre dans ſes courſes qui fuſt au prejudice de la Compagnie; il me ſembloit meſme que cela le deuoit mettre à couuert des ſoubçons & des jalouſies qu'on auoit euës autrefois de ſa conduite.

Le 27. j'appris par vn homme de pied, que l'on m'auoit dépeſché de Maſulipatan, que le Salomon ſ'eſtoit mis en mer; que le Vaiſſeau Oſiander eſtoit arriué de Bantam, d'où il nous apportoit la mauuaiſe nouuelle de la perte de deux Vaiſſeaux nommez le Hector & la Concorde, dans le temps qu'on leur donnoit Carene à la Rade de Iaccatra dans l'Iſle de Iaua; & que le Vaiſſeau du Dragon, celuy nommé le Clou de Girofle, & la Deffenſe, eſtoient arriuez en Angleterre, apres auoir chargé à Bantam. Ie pris cette occaſion pour faire tenir vne Lettre par terre au Gouuerneur de Dabul, afin de ſçauoir ce qu'il y auoit à eſperer de l'ouuerture qu'il auoit faite d'établir noſtre trafic dans ſon Port. Ie m'imaginay que c'eſtoit vne occaſion qu'il ne falloit pas negliger, & que ie deuois meſme exciter ceux de la premiere Flotte de donner jusques-là. I'écriuis qu'il eſtoit bon qu'ils y miſſent à terre quelques marchandiſes, pourueu qu'ils puſſent tirer de ces peuples de meilleures aſſeurances que les offres d'amitié qu'ils nous auoient faites lors que nous auons eu entre nos mains leur Ioncq. Cette Lettre contenoit la raiſon que nous auions euë d'arreſter ce Ioncq eſt vn eſpece de Vaiſſeau fort leger, dont ils ſe ſeruent le long des coſtes de la Chine.

Ioncq, qui estoit fondée sur la difficulté & le refus qu'on fait de traiter auec nous. Que si en effet ce Gouuerneur estoit maintenant mieux disposé en nostre endroit, & dans le dessein de faire amitié & alliance auec ceux de nostre Nation: que si ses offres estoient accompagnées d'autant de sincerité qu'on en doit supposer dans vn homme d'honneur, ie le priois d'écrire au Roy son Maistre pour obtenir de luy vn Firman, & les autres priuileges necessaires pour establir nostre Commerce dans son Port; l'asseurant que de mon costé, il y auroit vne bonne correspondance entre nos Anglois & ceux de son Gouuernement; que j'enuoyerois tous les ans vn vaisseau Marchand à Dabul; & que ceux qui sortiroient de son Port, n'auroient point à craindre comme ils auoient fait par le passé, la rencontre de nos Flottes. Ie vois assez de facilité à establir vne Factorerie dans ce Port; mais ie crains qu'il n'y ait pas dans le Pays assez de marchandise pour r'employer l'argent que nous aurions tiré de la vente des nostres. Ie garday en cette affaire vne conduite qui deuroit possible estre suiuie de ceux qui viendront apres moy. Ie ne fis point paroistre vne grande enuie de faire reüssir la proposition que ie luy faisois; & ie tiens qu'il faut estre fort serré auec ces gens dans les premiers establissemens, à cause que nostre condition y empire tousiours.

C'est vne regle generale en ce païs-là, qu'il ne faut point esperer de rendre meilleures les conditions de nostre seiour, & de s'y establir mieux que l'on n'y a esté receu d'abord. Il en faut attendre le contraire: nostre meilleure heure est celle de nostre arriuée. En ces premiers temps on nous considere comme des personnes nouuellement venuës: le naturel de ces Barbares estant de s'ennuyer de ceux qui ne leur apportent aucune nouueauté. Ie mis cette depesche entre les mains de nostre Bangan, & le chargeay de s'enquester soigneusement des commoditez & des auantages qu'on pouuoit tirer de ces païs-là, de leurs mœurs, de leurs façons de faire; & de penetrer le mieux qu'il luy seroit possible, comment ils sont disposez à nostre égard.

Bangam signifie Interprete.

Le 30. on me vint faire des excuses de la part de l'Ambassadeur de Perse, sur ce qu'il estoit party sans me faire ciuilité. I'appris de son Enuoyé que cét Ambassadeur n'estoit point malade comme il le vouloit faire accroire; mais que ne receuant aucune satisfaction du Roy dans ses negociations, il en auoit pris congé lors que l'on s'y attendoit le moins, & luy auoit donné en partant trente beaux cheuaux. Le Roy en recompense luy fit present de trois mil écus, l'Ambassadeur fit connoistre qu'il estoit mal satisfait de ce present. Le Roy s'en voulut iustifier, & fit deux listes, dans l'vne desquelles estoient escrits les presens de cét Ambassadeur, & à chacun de ces presens il y auoit mis le prix bien plus bas qu'ils ne valoiẽt en effect. Dans l'autre estoient marquées iusques aux moindres choses que le Roy luy auoit données, iusqu'à y mettre les melons, les pommes de pin, & le vin qu'il luy auoit enuoyé, auec leur prix, mais qui estoiẽt biẽ au dessus de leur valeur. En luy presentant ces deux listes on luy offrit le surplus en argent pour égaler son compte à celuy de l'Ambassadeur. Ces mauuais traittemens & ces mespris firent que le Persan feignit d'auoir la fievre, pour ne point faire de ciuilité à Asaph-Cham & à Ethimon Doulet. Que par cette raison il n'auoit peû trauerser la ville pour me venir voir sans descouurir sa feinte; qu'il auoit voulu que i'en sceusse la verité, qu'il repareroit cette inciuilité forcée, par le bon traitement qu'il feroit en Perse à tous ceux de ma Nation. Ce qu'il accompagna de quelques paroles de plaintes contre le Roy, que l'Enuoyé me fit assez librement; cependant que de mon costé ie faisois semblant d'auoir de la peine à les entendre. Ie luy fis present d'vn peu de vin d'Espagne, & de quelques cousteaux.

Le 12. de May ie receus nouuelles d'vne grande défaite des armées de Perse par le Turc. I'appris que Tauris auoit esté razée, & que Sha-Abbas n'estoit pas en estat de tenir la campagne. Le 25. vn Lion & vn Loup vinrent de nuict dans mon logis; ils se jetterent sur des moutons qui estoient dans la Cour. I'enuoyay demander la permission de le pouuoir tuer. Car en ce païs il n'y a que le Roy qui puisse faire la chasse au Lion. On me la permit, ie courus dans la Cour, le Lion quitta sa proye, & se jetta sur vn petit dogue d'Irlande. Pour le Loup vn de mes valets le tua, & ie l'enuoyay au Roy.

Le 14. iour de Iuin on apporta au Roy vn coffre que les Iesuites auoient enuoyé de Cambaya, dans lequel il y auoit quelques medicamens & vne lettre. Ils furent trahis par celuy à qui ils l'auoient consigné pour le porter; car il mit le tout entre les mains du Roy. Il ouurit le coffre, fit venir vn Iesuite qui estoit dans sa Cour pour lire la lettre, se fit ouurir toutes les boëtes : mais n'ayant rien trouué qui fust à son goust, il le remit entre les mains du Iesuitte. Ce que ie remarque icy comme vn aduertissement à ceux qui traittent en ce païs-là, de bien prendre garde à ce qu'ils escriuent & à ce qu'ils enuoyent. Car l'humeur de ce Prince est de vouloir voir iusqu'aux moindres choses. Les moindres bagatelles courent risque lors qu'elles tombent sous ses mains.

Le 18. ie receus des lettres des Officiers du vaisseau nommé l'Esperance; on m'écriuit qu'il n'y estoit point venu d'Indigo, à cause que la Carauanne ou Caphila de Goa auoit manqué de venir cette année; que l'on auoit rendu la Corne de Licorne; dautant que dans l'épreuue qu'on en auoit faite, on l'auoit trouué sans vertu. Ie reçeus aussi deux Lettres de Brampore, par lesquelles j'appris que la debte de Basse estoit peu asseurée, & que Sprage estoit reuenu de l'armée de Decan; que le General Melic-Amber en ma consideration auoit fait chercher dans son Camp vn Persan qui s'estoit enfuy de ma maison, mais qu'on trouua qu'il estoit allé à Visiapore; ce qui fut cause qu'on ne continua pas cette recherche; que ce General l'auoit fait faire auec beaucoup de soin, témoignant par là l'estime qu'il faisoit de ma personne; qu'on auoit écrit vne Lettre sur ce sujet au Resident d'Hollande qui demeuroit en cette place. Que ce General auoit prié Sparge de faire en sorte qu'on apportast dans son armée des draps d'Angleterre, & de nos lames d'épées; il campoit alors à six journées de Brampore. C'eust esté selon mon sens, vne bonne occasion d'employer quelqu'vns de vos gens qui vous estoient alors inutiles, & de nous défaire des marchandises dont nous n'auions pas trouué le debit.

Le 30. de Iuillet on m'écriuit de Surate, que deux Vaisseaux Hollandois s'étoient échoüez sur la coste de Damon; ils venoient du costé du Sud chargez d'épiceries & des soyes de la Chine pour la Mer-rouge; mais que le mauuais téps leur auoit fait perdre la saison propre pour y entrer. Qu'ils auoient tanté plusieurs fois d'aller ancrer ou à Soccotora, ou dans les autres Ports qui sont sur la coste d'Arabie; mais que n'en ayant pû venir à bout, ils s'estoient resolus de courir jusqu'à Surat, auec esperance d'y pouuoir demeurer à la Rade aussi seurement qu'ils auoient fait les années passées; mais qu'ils auoient trouué que toutes les années ne se ressemblent pas; car apres y auoir jetté l'ancre, la tempeste les obligea de couper leurs masts, & leurs chables se rompans en suite, ils auoient échoüé à la coste sur vn banc de sable. Le Vaisseau demeura droit; mais ayant perdu son Esquif, & n'y ayant point d'esperance qu'vn si grand équipage se pust sauuer par le moyen des radeaux, quatre de leurs Mariniers se jetterent dans la mer, à la nâge gagnerent la terre; vn peu apres la marée ayant mis le Vaisseau à flot, ils sauuerent la plus grande partie de leurs marchandises, & tout leur monde : Leur Fregatte qui estoit de cinquante tonneaux, fut brisée en mille pieces.

Voyez cy-aprés l'Histoire de ce naufrage.

Le 21. d'Aoust, Marre Rustan Roy de Candahor me vint rendre visite; ie fis apporter du vin & des fruits. Il demeura assis auec moy vne demye heure, & la fin de la conuersation fut qu'il me demanda vn baril de vin.

Le Prince Sultan Corsoronne sortit ce iour-là de sa prison, & vint prendre l'air en vne maison qui estoit assez proche de la mienne. Le Prince Coronne auoit fait vn mariage à Brampore contre la volonté du Roy qui en auoit témoigné de la faſcherie, & l'on auoit découuert en meſme temps quelque pratique qu'il auoit faite contre la vie de ſon frere; il reçeut ordre de venir en Cour pour ſ'en iuſtifier. Normal & Aſaphchan, par l'auis d'Ethimon leur pere, traiterẽt de faire alliãce auec Corſoronne. A cette nouuelle, on vit paroiſtre vne ioye vniuerſelle parmy le peuple, qui commença dés-lors à eſperer l'entiere liberté de ce bon Prince.

Le 22. le Roy ſ'alla diuertir chez Aſaphchan. I'appris dans ce temps-là, que le Mogol auoit fort preſſé Sultan Corſoronne de ſe marier; qu'il luy en auoit témoigné vne grande paſſion. Toute la Cour auoit les yeux tournez ſur ce Prince, & l'on croyoit que ce mariage ſeroit le commencement de la ruïne de Sultan Coronne ſon frere.

Auec quelles ceremonies l'on peze le Mogol.

Le 1. de Septẽbre, iour de la naiſſãce du Roy, & celuy de la ſolẽnité auec laquelle on le peze; l'on me mena dans vn beau jardin, ou entre-autres, il y auoit vn grand quarré d'eau bordé d'arbres, & au milieu de ce quarré vn pauillon, ſous lequel eſtoit la balance ou le Prince deuoit eſtre pezé. Les plats eſtoient d'or maſſif enrichis de petites pierreries, de turquoiſes & de rubis, des chaiſnes auſſi d'or ſouſtenoient les plats de ces riches balances; & outre les chaiſnes il y auoit des cordons de ſoye pour vne plus grande ſeureté. Le fleau de la balance eſtoit couuert de placques d'or. Les principaux Seigneurs de la Cour eſtoient aſſis à l'entour du Trône du Roy ſur des tapis en attendant qu'il vint. Il parut enfin tout chargé de diamans, de rubis & de perles. Il en auoit pluſieurs rangs au col, aux bras, ſur ſon turban, aux poignets, & deux ou trois anneaux à chaque doigt; ſon épée, ſon bouclier & ſon throſne eſtoient auſſi couuerts de pierreries. Ie luy vis entre-autres des rubis qui eſtoient auſſi gros que des noix, & des perles d'vne groſſeur prodigieuſe. Il ſe ſe mit dans vn des coſtez de la balance aſſis ſur ſes tallons comme vne femme. On mit de l'autre coſté pour le contre-peſer des balots que l'on changea ſix fois. Ceux du pays me dirent qu'ils eſtoient pleins d'argent, & me firent entendre que le Roy auoit pezé ce iour-là neuf mille Roupias, qui font enuiron quinze mille francs en argent. On mit apres dans ce meſme coſté de la balance de l'or & des pierreries; mais comme elles eſtoient empacquetez, ie ne les vis point. On le peſa apres contre des draps d'or, contre des eſtoffes de ſoye, contre des toiles, contre des eſpiceries, & contre toute ſorte d'autres richeſſes, ſi il faut croire ce que m'en dirẽt ceux du Pays; car toutes ces choſes eſtoient empacquetez; on peſa enfin le Roy contre du miel, du beure, & au bled, & j'appris que tout cela deuoit eſtre diſtribué aux Banians; mais ie remarquay, ce me ſemble, que cette diſtribution ne ſe fit point, & qu'on remporta tout auec beaucoup de ſoin. On me dit que tout l'argent eſtoit reſerué pour les pauures, le Roy ayant accouſtumé d'en faire venir quelques-vns la nuict, & de leur diſtribuer cét argent de ſa main propre, auec beaucoup de charité. Cependant que le Roy eſtoit dans l'vn des coſtez de la balance, il tourna les yeux ſur moy, & me fit vn ſoûris; mais il ne me dit mot, peut-eſtre à cauſe qu'il ne voyoit point mon Interprete qui n'auoit pû entrer auec moy. Apres qu'on l'euſt pesé, il monta ſur ſon Trône. Il auoit deuant luy des baſſins pleins de noix, d'amandes, de toutes ſortes de fruits artificiels d'argent. Il en jetta vne grande partie; les plus grands Seigneurs qui eſtoient les plus proches de luy, ſe traînoient par terre pour en prendre. Ie creus qu'il n'y auroit pas de bien-ſeance à les imiter. Le Roy ſ'en apperçeut; & ayant pris vn des baſſins qui eſtoit quaſi plain, le renuerſa dans mon manteau. Ses courtiſans eurent bien l'effronterie d'y porter la main auec tant d'auidité, que ſi ie ne les euſſe preuenus, ils ne m'en auroient pas laiſſé vn ſeul. On m'auoit fait entendre auant que ie fuſſe entré, que ces fruits eſtoient d'or maſſif; mais ie trouuay par experience, qu'ils n'eſtoient que d'argent, & d'argent ſi leger, que mille de ces fruits-là ne peſent pas la valeur de deux cens frans. I'en ſauuay bien la valeur de dix ou douze écus, & il y en auoit aſſez pour remplir vn plat d'vne bonne grandeur. Ie les garde pour marque du faſte de ces Peuples. Ie

ne

ne croy pas que ce jour-là le Roy en jettast pour la valeur de quatorze ou quinze cens liures. Le Roy passa toute la nuict d'vn iour si solemnel à boire auec les principaux de sa Cour. I'y fus inuité, mais ie m'en excusay, à cause que ie n'aurois pas pû me dispenser de boire ; & leurs boissons sont si chaudes, qu'elles sont capables de brûler les entrailles. I'estois alors malade d'vne dissenterie, & n'ozois pas hazarder ma santé dans vn semblable excez.

Le 9. de Septébre, le Roy sortit pour s'aller diuertir sur la riuiere de Darbadat, il deuoit passer par deuant mon logis. Ie montay à Cheual pour aller au deuant de luy. La coustume du Pays est, que tous ceux deuant les maisons desquels il passe, sont obligez de luy faire quelque present ; ce present s'appelle Moubarech, qui veut dire bonne nouuelle ou bon succez : le Roy reçoit semblables presens, comme vn bon augure de l'affaire qu'il est sur le point d'entreprendre. Ie n'auois rien à luy donner ; cependant, il estoit honteux de paroistre deuant luy sans presens ; & d'ailleurs, il y auroit eu de la rusticité à ne me point trouuer ce jour-là à mon logis. Ie me resolus de luy presenter vn Atlas bien relié, & de luy faire des excuses de ce que n'ayant rien trouué chez moy qui fût digne d'estre presenté à vn si grand Prince, ie luy offrois tout le monde dont il commandoit vne partie si grande, si riche, & si considerable. Il reçeut mon present auec beaucoup de ciuilité, portant souuent la main à sa poictrine, & m'asseurant que tout ce qui viendroit de moy, luy seroit tousiours fort agreable. Il me fit quelques questions sur l'arriuée des Vaisseaux, ie luy dis que ie les attendois de iour en iour. Il reprit le discours, & me dit qu'on luy auoit enuoyé de Goa des Sangliers qui estoient fort gras ; & que si j'en voulois manger, il m'en enuoyeroit quelques-vns à son retour. Ie luy fis vne grande reuerence, & luy répondis que ie reçeurois auec beaucoup de respect & de joye, tout ce qui viendroit de Sa Majesté. Il monta sur son Elephant ; & s'estant vn peu arresté deuant mon logis, il le trouua fort beau. En effet, c'estoit vn des meilleurs du Camp ; ie l'auois pratiqué dans les ruïnes d'vn Temple, & celles d'vn Monument ancien. Il me dit adieu plusieurs fois ; & à cause que le chemin estoit fort mauuais, il voulut que ie retournasse à mon logis. Ie luy obeys, apres auoir pris congé de luy.

Les Maistres des maisons deuant lesquelles le Roy passe, sont obligés de luy faire vn present.

Le 16. ie montay à Cheual, pour rendre au Prince de Candahor la visite qu'il m'auoit faite. Il me fit dire à l'entrée de son logis, qu'il ne pouuoit me voir sans en auoir eu auparauant permission du Roy, ou en auoir aduerty Ethimon Doulet ou Asaphchan ; ce qu'il feroit au Durbal. Ie luy fis dire que ce seroit vne peine inutile, & que ie me garderois bien de retourner vne seconde fois à la porte d'vne personne si inciuile. Ie connus sur le champ le peu de fondement qu'il y auoit à cette excuse, & ie jugeay bien que le Roy n'auroit point trouué mauuais qu'il m'eust reçeu chez luy, puis qu'il n'auoit pas trouué à redire à la visite qu'il m'auoit faite. Ses gens me vouloient obliger à demeurer, & attendre la réponse de leur Maistre ; mais ie m'en retournay, & sur le soir ie fus à la Cour. Le Roy me fit diuerses questions sur mon liure de cartes ; ie luy en donnay tout l'éclaircissement que ie pûs ; ie le trouuay fort distrait, & ie ne crûs pas qu'il fust à propos de luy parler de nos debtes.

Le 25. ie retournay à la Cour, quoy que ie fusse fort foible, pour voir s'il y auoit quelque chose à esperer du Roy sur le sujet de nos debtes. Vn de nos debiteurs m'auoit fait entendre depuis peu, qu'il ne nous pouuoit payer qu'en vendant sa maison. Ie presentay donc au Roy la Requeste des Marchands ; il la fit lire tout haut, & voulut entendre le nom de nos debiteurs ; quelles estoient leurs cautions, & les sommes qui estoient deuës. Asaphchan en fit la lecture ; le Roy fit appeller en suite Aradet-Chan Grand Maistre de sa maison, auec le Cutval, & leur donna quelque ordre que ie n'entendis pas. Comme on lisoit les noms de ces personnes, il s'informa de leurs qualitez & des marchandises qui leur auoient esté venduës. Il se trouua qu'il en estoit mort quelques-vns, que d'autres n'estoient pas ses sujets, pour la partie de Rulphe, Asaph-Chan s'offrit d'en parler au Prince, & de terminer cette affaire, quand il seroit arriué. On fit alors entrer mon Interprete; & le Roy se tournant vers moy, me dit que nos Marchands auoient presté cét argent selon leurs caprices, & à qui ils auoient voulu; qu'ils ne luy auoient point presenté de memoire de leur marchandises, & que par cette raison si leurs debiteurs n'estoient pas soluables, c'estoit leur faute, & qu'ils ne deuoient pas attendre qu'il leur payast les debtes des particuliers. Ie m'imaginay qu'il vouloit parler de celle de Ergon vn de ses Officiers, lequel estoit mort depuis peu, & dont on auoit fait saisir les effects de la part du Roy. Le Roy adiousta, que pour la premiere fois il me tireroit de cette affaire, & me feroit payer; mais que si à l'aduenir nos marchands vendoient leurs marchandises à ses officiers sans l'en aduertir, que ce seroit à leurs perils & fortunes; que si au contraire, lors que les Vaisseaux Anglois arriuent, ils luy apportoient vn memoire de toute leur marchandise; il prendroit ce qui luy seroit propre, & distribueroit le reste aux vns & aux autres; & que si entre ceux-là il s'en trouuoit quelqu'vn qui manquast à les payer, il y satisferoit de sa bourse. Il est vray que c'est la coustume des Marchands de Perse de porter tout ce qu'ils ont au Roy, lequel apres auoir pris ce qui luy agrée dauantage, distribuë le reste à ceux de sa Noblesse. Ses escriuains marquent à qui les choses ont esté distribuées, & vn autre Officier y met le prix. On donne au Marchand vne coppie de ce memoire, & il n'a autre diligence à faire qu'à aller querir son argent à leur logis. Que s'ils ne payent pas, il y a vn Officier, qui selon la coustume de leur païs, a charge de les faire payer par force. On fit entendre alors à mon Interprete, l'ordre que le Roy auoit donné, qui estoit qu'Aradcan deuoit faire venir nos debiteurs en sa presence, & les faire payer. Nos marchands ne se contenterent point de cette response. Pour moy ie la trouuay fort iuste, & plus equitable que celle que des personnes particulieres peuuent attendre d'vn grand Prince en de semblables rencontres.

Auis pour les Marchāds qui traitent en cette Cour.

Le Roy ayant appris que i'auois esté malade, & que i'auois fait chercher du vin, m'en enuoya cinq bouteilles, auec ordre que quand ie les aurois beuës, on m'en donnast autant que i'en pourrois auoir besoin. Il m'enuoya auec cela vn Sanglier des plus gros que i'aye iamais veu. On l'auoit enuoyé de Goa à Mocredcam. Celuy qui me l'apporta de la part du Roy, me dit que depuis qu'il auoit esté presenté au Roy, on ne l'auoit nourry que de beurre & de sucre. Ie receu ce present du Prince comme vne grande marque de sa faueur, & en effect c'en est vne bien particuliere, & qu'il ne fait que rarement. On me rapporta apres de sa part le liure de cartes que ie luy auois donné, & celuy qui me le rendit me dit de la part du Roy, qu'il l'auoit fait voir à ses Molas, qui sont les sçauans du païs, que pas vn d'eux n'y auoit pû rien entendre.

Le 26. le Roy enuoya deux Vmbras (ce sont des premiers Officiers de guerre) auec quelques trouppes, pour aller prendre vn Raya-Rasboot qui s'estoit reuolté dans des montagnes qui estoient à vingt courses du Camp. Mais ce rebelle se deffendit fort bien, atrendit de pied ferme ces trouppes, & dans vn rencontre tua vn de ces Vmbras, & douze autres Capitaines. On porta cette nouuelle au Roy, qui jugea que l'affaire meritoit bien qu'il enuoyast son fils pour le mettre à la raison.

Courses, ou cosses, ou cos, comme on le trouuera dans les descriptions des Indes, designent vne mesme mesure de chemin, ou vne demie lieuë de France.

Le 2. iour d'Octobre le Prince Coronne fit son Entrée dans la Ville, accompagné des plus grands Seigneurs du Païs, qui parurent auec beaucoup de magnificence. Le Roy le receut comme si il eust esté son fils vnique, en quoy nos conjectures se trouuerent tres-fausses. I'enuoyay faire mes excuses à Asaph-Chan de ce que n'estions pas monté à cheual pour luy rendre mes ciuilitez, la foiblesse ou i'estois ne me permettant pas de le pouuoir faire. Tous les principaux Seigneurs de la Cour, & la mere du Roy elle-mesme firent cinq courses pour aller au deuant du Prince & du fauory.

Le 5. ie receus des nouuelles de nos vaiſſeaux; on me mandoit que l'admiral n'eſtoit point encore arriué. Que nos gens auoient fait vne priſe vers le Moſambic, & que deux Corſaires Anglois que l'on rencontra en Mer donnant la chaſſe au vaiſſeau de la Reine mere qui reuenoit de la Mer Rouge, fut rencontré par les vaiſſeaux de la Compagnie fort heureuſement, pour le ſauuer de leurs mains, & l'eſcorter iuſques à Surat. Si ces Pirates l'euſſent pris, nous en euſſions eſté icy fort en peine. Ie receus auec ces meſmes auis les lettres de la Compagnie, & ſes inſtructions, pour les affaires de Perſe. Ceux qui commandoient les vaiſſeaux ne ſçauoient quelle reſolution prendre pendant l'abſence de l'Admiral, ſur le fait de ces Pirates Anglois. I'en expediay les ordres neceſſaires, que i'enuoyay à Surat, comme on les peut voir dans les regiſtres de mes lettres.

Le ſixiéme i'allay pour voir le Prince, à l'heure à laquelle il a accouſtumé de donner des Audiances; ie luy deuois vn compliment ſur ſon arriuée, & il importoit de luy parler de l'eſtat de nos affaires, & de le tenir bien diſpoſé en noſtre endroit. I'auois fait deſſein d'accompagner ces offres du ſeruice de noſtre Nation d'vne chaiſne d'or faite en la Chine. I'enuoyay pour auoir Audiance, on me fit réponſe que ie vinſſe le lendemain à la pointe du iour, qui eſtoit le temps auquel il la donne, ou que i'euſſe la patience d'attendre qu'il ſortiſt pour aller chez le Roy. Vous remarquerez qu'il l'auroit fallu attendre à la porte. Ie pris cette réponſe pour vn affront; car ſon pere ne m'auoit iamais refuſé l'Audiance. Ie ne pûs m'empeſcher d'éclatter, & de dire reſoluëment que ie n'eſtois point ſon eſclaue, mais perſonne libre & Ambaſſadeur d'vn Roy; que ie me garderois bien de luy rendre viſite vne autre fois, ny de luy aller faire la Cour; qu'il m'auoit refuſé juſtice; que ie le verrois ce ſoir là meſme chez le Roy, à qui i'eſtois reſolu deſormais de m'addreſſer ſans paſſer par d'autres mains.

La nuict eſtant venuë, ie fus chez le Roy; il me receut auec beaucoup de courtoiſie. Ie fis vne reuerence au Prince; il ne fit pas ſeulement ſemblant de me voir. Ie rendis compte au Roy de ce qu'il m'auoit ordonné, & luy dis que conformément à ſes ordres i'auois fait vne liſte de tout ce qui eſtoit arriué ſur nos vaiſſeaux, & que ie la luy apportois pour receuoir ſes commandemens. Il me fit diuerſes queſtions ſur cette liſte, & me parut fort content des choſes qui y eſtoient contenuës, principalement des tapiſſeries. Ce memoire ayant eſté leu, le Roy promit toutes ſortes de faueurs, & tous les priuileges que ie pouuois ſouhaitter. Il me demanda ſi celuy qui auoit pris ces vaiſſeaux n'auoit point apporté de perles & de pierreries. Ie luy reſpondis que les pierreries eſtoient plus cheres en Angleterre que dans ſes Eſtats. Il me paruſt ſatisfait de cette reſponſe. Ie n'ozay pas luy dire qu'il y auoit des perles, car ie craignois que cela n'attiraſt ſur nos gens la perſecution du Prince. D'ailleurs ie me figurois que ces perles ſeroient d'autant plus eſtimées, qu'elles auroient ſurpris ceux qui ne les attendoient point. I'eſperois meſme d'en faire quelque amy, & ce fut pour cette raiſon que lors qu'Aſaph-Chan me preſſa de luy dire, ſi ie n'auois point de pierreries; ie luy teſmoignay que ie ſouhaittois de luy qu'il appuyaſt la réponſe que i'auois faite, qu'elles eſtoient plus cheres en Angleterre qu'aux Indes, & que i'auois à luy parler en particulier. Il entendit à demy mot ce que ie voulois dire, & ſe teût. Le Roy me paroiſſant alors bien diſpoſé enuers nous, ie creus que le temps eſtoit propre pour luy parler de nos debtes: & comme i'auois ſur moy ma requeſte en eſtat, ie la pris à la main, & la tins éleuée pour la luy preſenter. Le Roy qui peut-eſtre ſongeoit alors à autre choſe n'y priſt pas garde: mais ſes Courtiſans ſe douterent auſſi-toſt de ce que ſe pouuoit eſtre, iugeant que le Roy auroit trouué fort mauuais que l'on euſt negligé ſes ordres: Il y en euſt vn qui ſ'approcha de moy, & addroittement me tira la main en bas, me priant que ie ne preſentaſſe point au Roy la requeſte que ie tenois. Ie luy dis qu'Aradeth m'auoit refuſé Iuſtice. Aradeth qui l'entendit en entra dans vne grande inquietude; & ſ'addreſſa à Aſaph-Chan,

& le pria de m'empescher de faire mes plaintes. Ie luy respondis que nos vaisseaux e-stoient arriuez, & que nous ne pouuions pas dissimuler dauantage toutes les remises & les pertes de temps que nous auions souffertes. Ils consulterent ensemble ce qu'ils auoient à faire; & ayant fait venir Cuteual, ils luy dirent qu'il falloit executer les ordres du Roy. On assiegea cette mesme nuict les rentes de nos debiteurs; on en courust quelques autres; si bien que ie m'asseure que cette fois icy nous en tirerons raison. Ie receus de grands remercimens de la courtoisie auec laquelle nos gens auoient traitté ces passagers qui s'estoient trouuez sur le vaisseau de la mere du Roy, & de la protection que nous leur auions donnée contre ces vaisseaux Anglois armez en guerre. Ils en parlerent au Roy qui receut bien la chose, & les principaux de la Cour me dirent à cette occasion, qu'ils estoient obligez d'aimer la nation Angloise, qu'ils nous rendroient tous les seruices dont ils seroient capables, mais qu'ils ne pouuoient assez s'estonner de ce que nostre Roy ne pouuoit pas retenir ses Sujets, & qu'il y en eust eu d'assez hardis pour sortir de son Royaume auec des vaisseaux sans son congé. Asaph-Chan me mena auec luy dans son departement apres que le Roy se fust retiré; & nous traduisimes ensemble en langue Persane le memoire des marchandises qui e-stoient arriuées pour le faire voir au Roy vne heure apres. I'augmentay vn peu l'article de l'argent, afin de luy donner bonne opinion du profit que ses Estats reçoiuent de nostre commerce. I'auois mis en suite les draps & les serges, & il y auoit vn article pour la marchandise fine, & vn autre pour la plus grossiere. Le memoire finissoit par la supplication que ie faisois à sa Majesté, de nous donner la liberté de vendre le re-ste. Apres que ce memoire fut dressé, Asaph-Chan me fit ressouuenir que i'auois quelque chose à luy dire en particulier. Il me pria de le faire en toute liberté, & me fit plus de protestation d'amitié que ie n'en deuois attendre de luy. Ie luy dis que i'a-uois souhaitté de luy parler en particulier, pour prendre conseil de ce que i'auois à faire: Qu'il estoit vray qu'il m'estoit venu quelque chose de rare, mais que ie m'e-stois si mal trouué l'année passée de la confidence que i'auois fait d'vn semblable se-cret, que ie n'osois maintenant me fier à personne qu'à luy. Que ie luy dirois donc, sur la parole qu'il me donnoit de tenir la chose secrette; que i'auois vne perle de grand prix, & d'autres choses fort curieuses. Que i'estois en peine de sçauoir si ie le deuois dire au Roy, puisque le Prince pourroit peut-estre prendre de là occasion de rompre tout à fait auec nous. Ie luy dis que i'auois esté au matin pour luy rendre vi-site; l'inciuilité auec laquelle i'auois esté receu, & la resolution que i'auois prise; mais qu'apres tout, ie connoissois combien sa faueur & ses bonnes graces nous e-stoient necessaires; Que i'auois esperé de me pouuoir remettre bien aupres de luy, en luy gardant cette perle: I'auoüay que c'estoit là mon dessein, & la raison du secret que j'auois gardé, que neantmoins i'en vserois cõme il le iugeroit le plus à propos, & suiurois son conseil comme fort seur, puisque estant beau-frere du Prince & fauory du Roy, il connoissoit mieux que personne ce qu'il y auroit à faire dans cette rencontre pour contenter l'vn & l'autre. Il m'embrassa là dessus, & me dit que i'en auois vsé fort sagement. Qu'il falloit continuer à tenir la chose secrette, qu'autrement el-le m'attireroit bien des affaires. Que le Prince estoit vn Tyran, qu'il mal-traittoit tous les Estrangers; Que pour le Roy il ne m'auroit pas voulu faire en cela d'iniustice; & ie vis que la conclusion alloit à me tirer des mains la perle, me conseillant de la faire transporter des vaisseaux, & de ne me fier à personne, & m'alleguant l'exemple des mauuais traittemens que les Portugais auoient receus en semblables occasions,; Que si ie luy voulois vendre cette perle, il mettroit en depost entre les mains d'vne personne tierce l'argent que ie l'aurois estimée, qu'en reuanche de cette confiance que i'auois euë en luy, il se rendroit le solliciteur de nos affaires, dans lesquelles ie ne pourrois iamais rien aduancer sans son assistance. Ie connus que c'estoit là le temps de faire vne amitié si vtile. Ie luy dis donc que ie le seruirois; mais que j'apprehendois qu'il ne découurist ce secret. Il me fit serment de le garder; & afin que ce sermẽt fust plus authentique, nous nous serrâmes le poulce l'vn à l'autre, selon la coûtume du Pays. Ie luy promis de mon costé que ie me mettrois entierement entre ses mains, & que ie ferois tout ce qu'il ordonneroit dans cette affaire & dans les autres. Il me dit qu'il prendroit l'ordre de me faire expedier des Firmans, auec deffenses de toucher à nos marchandises, & auec ordre qu'elles me pussent estre addressées directemẽt pour en disposer à ma volonté; qu'il me vouloit reconcilier auec le Prince, & que la premiere fois qu'il luy iroit rendre visite, il me meneroit auec luy. Qu'il feroit en sorte qu'il me traiteroit autrement qu'il n'auoit fait iusques à cette heure; qu'il ne seroit pas en son pouuoir de nous trauerser dans d'autres affaires; que s'il l'entreprenoit, il nous feroit donner dans son Gouuernement mesme vn Scindic auquel nous nous pourrions addresser sans passer par ses mains; que mesme on nous donneroit tel autre port pour nos vaisseaux que nous voudrions; & qu'enfin il nous feroit toutes les satisfactions que nous pourrions souhaitter. Il m'aduertit qu'il ne seroit pas mal à propos de faire quelque present à sa sœur Normale: Elle fera en sorte, me dit-il, que le Roy vous dõnera de l'argẽt. Ie luy dis que ie ne desirois riẽ de sẽblable, & que i'aurois mieux aimé qu'elle eust estendu sur tous ceux de nostre nation les effects de son credit, que sur moy en particulier. Il me mena en suite chez le Roy, auquel ie presentay la traduction du memoire. Il me receut fort bien, & me demanda si i'auois les tapisseries; Ie luy dis qu'on me les auoit enuoyées, si on ne les auoit saisies par les chemins par ordre du Prince qui estoit apres pour les auoir. Pour conclusion, il me dit qu'il prendroit vne bonne quantité de nos draps, & plusieurs autres marchandises, me commandant de donner ordre qu'on les fit venir, & à Asaph-Chan de faire dresser le Firman, qu'il falloit enuoyer au Prince, afin qu'il les laissast passer librement. Ie sortis fort satisfait de cette Audiance, & de la negociation de cette iournée-là; Car quoy que i'eusse reconnu par le passé, qu'il n'y auoit point de fidelité entre ces barbares, ie n'auois rien à apprehender d'Asaph-Chan en vne rencontre dans laquelle il estoit de son interest, de me garder fidelité, iusques à ce qu'il eust eu la perle, autrement elle luy auroit pû échaper; & apres mesme qu'il l'auroit euë, ie pouuois esperer qu'il me garderoit le secret, puis qu'il n'y pouuoit pas manquer sans découurir qu'il auoit trahy le Prince.

§. IX.

Iugement de Thomas Rhoë, sur diuerses propositions qui auoient esté faites à la Compagnie Angloise des Indes Orientales.

LE 12. Asaphchan selon sa promesse, m'accompagna chez le Prince. Il me reçeut dans sa chambre. Ie luy fis present d'vne petite chaîne d'or de la Chine; ie la presentay sur vne sous-coupe du mesme Pays. Il me reçeut assez bien; Asaphchan luy persuada de changer de maniere de faire enuers nous, luy representant qu'il profiteroit tous les ans de plus de cent mille écus, sur le Commerce que nous faisions à Surat. Que nostre Commerce augmentoit tous les iours, & qu'auec le temps il luy apporteroit vn profit considerable: que s'il continuoit à nous traitter mal, nous quitterions son Port & le Pays; que nous estions ses Sujets (il crût deuoir nous appeller de la sorte) & qu'il tireroit de nous plus aisément les curiositez qu'il vouloit auoir, par la douceur, que par toute autre voye. Que la qualité que j'auois d'Ambassadeur, l'obligeoit à me traiter auec ciuilité lors que ie luy rendois visite. Le Prince donna ordre sur le champ à son Secretaire, de dresser le Firmant, en la forme que nous le desirions, auec vne lettre au Gouuerneur pour luy en recommander l'execution: & adiousta, que si nous auions besoin de quelqu'autre lettre, on me l'accorderoit aussi-tost que ie l'aurois demandée. Cela me fit voir la bassesse & l'indignité de ces gens. Asaph-Chan pour vne sordide esperance de pouuoir achepter quelques bagatelles, estoit tellement reconcilié auec nous, qu'il auroit trahi son propre fils en nostre faueur, & me rendoit les soubmissions d'vn valet, & cepēdant la cause de toutes ces amitiez, estoit l'esperāce de pouuoir acheter des marchādises qui auoient esté prises dans vn vaisseau, & quelques bagatelles. Il vouloit enuoyer pour cet effect vers nos vaisseaux vn de ses gens, ce que ie ne luy pûs pas refuser, sans perdre vne personne que ie taschois il y auoit si long-tēps de gagner. La chose n'estoit pas desaduantageuse pour nous, car il paye bien, & il nous espargna ainsi la peine que nous eussions euë de vendre ces marchandises en détail, & les frais qu'il eust cousté à les faire charier. Il obtint du Prince la permission de faire cette emploite sous vn faux donné à entendre, & escriuit au Gouuerneur vne lettre pleine de témoignages d'amitié pour ceux de nostre Nation. On a icy besoin de son credit qui est fort grand. Ces bonnes qualitez firent que ie passay par-dessus beaucoup d'autres mauuaises dans l'esperāce de le gaigner, & au pis aller que i'en tirerois de l'auantage dans les affaires presentes. Cette occasion me seruit encore à tirer du Prince vn autre Firmant pour Bergala, qu'il me promit sur le champ, quoy qu'auparauant il n'en eust point voulu entendre parler. I'esprouuay depuis qu'il pressoit nos creanciers comme il auroit pû faire les siens propres; & passant sur son Elephant deuāt la maison de Kutual, il le fit appeller, luy commandant de nous expedier au plustost, ce qui fut vne faueur inouïe; Grô fut mis en prison en suitte, & Mûekshû ne veut que deux iours de temps pour nous payer; ie ne desespere pas tout de nos creanciers, entre cy & dix iours, quoy qu'on nous doiue prés de cinquante mille escus.

L'11. Asaphchan m'euoya vn des siens de la part de la Princesse, pour me dire qu'elle auoit obtenu du Prince vn autre Firman; que toutes nos marchandises seroient d'ores-en-auāt en sa protection; qu'elle l'auoit obtenu, & qu'elle estoit sur le poinct de l'enuoyer par vn des siens qui deuoit prendre connoissance des choses qui restoient à faire pour nostre establissement, & prendre garde qu'on ne nous fist point de tort. Asaph-Chan nous fit dire qu'il auoit fait tout cela, craignant l'esprit violent du Prince & sa longueur en semblables affaires; que maintenant nous nous en pouuions asseurer, puisque sa sœur auoit bien voulu estre nostre protectrice; que le Prince ne s'en mesleroit plus, & que sur son honneur on me remettroit entre les mains toutes les choses qui m'auoient esté addressées; qu'elle en auoit enuoyé vn ordre fort exprés, enjoignant à la personne qu'elle auoit euuoyée, d'assister nos Facteurs en sorte que nous n'eussions plus de sujet de nous plaindre des mauuais traitemens des Officiers de Surat. Elle desiroit au reste que j'écriuisse au Capitaine du Vaisseau, & aux Facteurs, afin qu'ils reçeussent bien son Enuoyé, & qu'ils luy permissent d'acheter quelques bagatelles de celles qui auoient esté mises à part. Ie ne pûs pas luy refuser cette demande; mais ce ne fut pas sans remarquer la passion qu'elle auoit d'auoir ces choses. Ie luy en donnay vne liste, à condition qu'elle me feroit voir la copie du Firman, lequel estoit scelé.

Iugez de là cōbien il est aisé de trouuer icy le debit de ces marchādises. L'année passée, on ne nous regardoit pas; maintenāt, à cause que j'ay fait traduire la liste ou facture des marchandises fines, sans toutesfois y mettre les perles, que i'auois donné au Roy, vn chacun court pour les acheter. Normal & Asaphchan s'estudioient à me rendre de bons offices. La pluspart des Grands de la Cour me demandoient des Lettres pour enuoyer leurs gens pour traiter auec nos Facteurs; tellemēt que si j'eusse eu trois fois autant de marchādises que j'en auois, elles auroiēt esté venduës dans le Vaisseau mesme, & on auroit sauué le payement des droits, la dépense du charoy, & les auanies que nous auions souffertes auparauant. I'auois escrit à nos Facteurs de vendre aux gens de Normal & de son frere les marchandises qu'ils voudroient, de celles-là mesme qu'on auoit mises à part, & cela afin d'estre appuyé de leur faueur dans les affaires que i'auois à traitter à la Cour. Le Prince est maintenant de nostre costé, nous nous sommes rasseurez nos amis, & il me semble que nous pouuons desormais nous promettre beaucoup du Roy & de son fils. Asaph-Chan se fait fort d'obtenir du Roy le Firman pour Bengala & pour les autres ports, & auec cela vne exemption de toutes sortes de peages dans toute l'estenduë de ses Estats; mais il veut auparauant auoir entre les mains les marchandises pour lesquelles il a depesché vers nos vaisseaux. Le 24. le Roy s'esloigna de quatre courses de Mandoa. Il alloit d'vn costé & d'autre dans les montagnes; & comme personne ne sçauoit son dessein, nous estions fort empeschez de la resolution & du chemin que nous deuions prendre. Le 26. i'obtins vn ordre pour me faire donner dix Chameaux au prix que le Roy les paye. Le 29. ie me mis en chemin, estant obligé de sortir de ce lieu, à cause de l'incommodité de son seiour. Le 31. i'arriuay aux tentes du Roy, ie trouuay qu'il estoit allé auec peu de suite à vne chasse qui deuoit durer dix iours, personne de la Cour ne l'ayant suiuy que ceux qui auoient ordre de le faire. Son Camp estoit diuisé & dispersé çà & là; les eaux y estoient mauuaises, & les prouisions fort cheres, beaucoup de maladies & toutes sortes d'incommoditez; mais il n'y a point de consideration qui l'empesche de prendre son plaisir où il le trouue. I'apris que le Roy n'estoit pas encore bien resolu s'il deuoit aller à Agra ou à Guzarat, le bruit commun estoit pour le dernier, mais le premier estoit plus probable, à cause que ceux de son conseil trouuoient ce seiour plus agreable & plus commode que l'autre: la chose m'estoit indifferente; car ie n'auois rien en teste sinon d'expedier mes affaires. Voyant donc qu'il pourroit encore demeurer là vn mois, ie pensay qu'il estoit mieux d'y faire venir mes presens, & tascher de terminer là toutes mes affaires, m'imaginant qu'estant sorty de cét ambaras, & ayant nettoyé le tapis, ie pourrois esperer quelque repos. I'estois d'ailleurs trop foible pour me traisner plus long-temps dans ces voyages, & il y auoit fort peu d'esperance de recouurer sa santé dans les incommoditez de la suite de cette Cour, & en vn pays où on ne trouue le plus souuent que de l'eau creüe & mal-saine.

Propositiõs que l'on auoit faite à la Compagnie des Indes.

Le 2. de Nouembre Richard Steel & Iakson arriuerent auec les perles, & quelques autres petites marchandises qu'ils auoient tirées du vaisseau en cachette par mon ordre. Ie les receus & leur en donnay quittance. I'eus auec eux quelque conference sur leurs desseins: Ie ne voulois pas rejetter d'abord leurs propositions, ny ceux qui les auoient appuyées, mais ie leur fis entẽdre par degrez le peu de fondement qu'il y auoit à en esperer du profit, & cela à cause de l'humeur de ces peuples; que si on entreprenoit ces machines pour esleuer de l'eau qu'ils proposoient, il les faudroit commencer à nos dépens; que la chose reüssissant nous n'en aurions point le profit, mais bien ceux du pays qui en auroient bien-tost compris l'artifice; que pour la vente de nos marchandises, cela ne l'aduanceroit pas beaucoup, que le plomb tripleroit de prix s'il le falloit porter par terre, & qu'on ne le pourroit pas donner à Agra à si bon marché que celuy du païs, neantmoins i'estois bien aise qu'ils en fissent l'épreuue pour se satisfaire: Ie leur dis qu'ils me vinssent trouuer auec leurs ouuriers à Amadabar; que là auec l'assistance de Mocredcam, le seul de ce païs qui aime les nouuelles inuẽtions, i'offrirois au Roy leur industrie, & ie verrois quelles conditions on en pourroit tirer, quoy que selon mon sens, ce fust vne peine, & de l'argent perdu. La Compagnie ne deuroit pas prester si aisément l'oreille à ces entrepreneurs, qui songent plus à s'attirer de l'employ, qu'au profit de ceux qui les employent. Bien souuent les choses qui semblẽt faciles dans le discours & dans la Teorie, sont plus propres pour satisfaire l'imagination d'vne personne curieuse, que pour estre mises en pratique; car alors on les reconnoist pour chimeres, principalement quand elles vont à changer quelque chose dans les vsages des païs. Il y en a où l'on ne boit que de l'eau de puits, d'autre de celle de riuiere, d'autre où on la fait venir de loin.

La secõde pensée d'obliger les cafilas & les marchands de Lahor & d'Agra, qui vont ordinairement en Perse par le chemin de Candahor, de changer de route, & de transporter leur marchãdises sur la riuiere de l'Inde, & puis de les recharger ſur nos vaiſſeaux, pour les tranſporter dans la Golphe Perſique. C'eſt vne pure reſuerie qui ne pourra iamais reuſſir dans la pratique. La riuiere eſt aſſez aiſée à nauiger en deſcendant, mais les Portugais ont vne reſidence à ſon emboucheure; remõter cõtre le cours de l'eau,cela eſt fort difficile : Enfin il faudroit aſſeurer leurs marchandiſes. A peine vne flotte entiere ſe pourroit faire, & les Portugais meſmes ne ſe chargent point des marchandiſes de ces quartiers, mais ſeulement de celles de Sinda & de Tata ; encores ces marchands Indiens tranſportant leurs marchandiſes dans leurs propres Ioncques, les Portugais ne faiſant autre choſe que de leur donner paſſe-port, dont ils retirent vn droit fort mediocre pour eſtre aſſeurez contre leurs fregates,& auoir la liberté de ce commerce.Iamais les marchands de Lahor ne voudront deſcendre auec les marchãdiſes la riuiere de l'Inde, car ces caphilas ou carauanes ſont compoſées au retour de marchands Perſans & Armeniens, qui ſçauent fort bien que le paſſage du Golphe eſt auſſi dangereux que celuy de Candahor.

Il ſeroit bon que les auteurs de ce deſſein appriſſent par leur propre experiẽce l'erreur où ils ſont, pourueu que la dépenſe ne retombaſt point ſur la compagnie, mais ie m'imagine qu'ils abandonneront l'entrepriſe, ne ſçachant par où ſ'y prendre pour la commencer. Le 3. deſſein de joindre le trafic de la Mer Rouge auec celuy-cy eſt vne choſe que i'auois touſiours recommandée, & qui auoit deſia commencé à eſtre miſe en pratique. Le danger des Corſaires dans ces Mers eſt grand, c'eſt pourquoy ie ne doutay point que beaucoup de marchands ne peuſſent eſtre perſuadez de charger leurs marchandiſes à fret dans nos vaiſſeaux, & que par là nous pourrions rendre noſtre amitié neceſſaire à ces peuples, & i'eſtois meſmes d'auis qu'on y employaſt vn vaiſſeau dés cette année, qui retourneroit au mois de Septembre. Pour ce qui eſt de ce deſſein i'en auois fait l'ouuerture à nos facteurs, i'en auois preſſé l'execution, i'auois monſtré le chemin d'y reüſſir, & ie l'auois recommandé au Capitaine, au principal marchand, & aux facteurs auec beaucoup de chaleur, comme vous le pouuez voir par mes lettres ; pour la conſequence vous l'éprouuerez à voſtre profit, ſ'ils ſuiuent le conſeil qu'on leur a donné : ſ'il y alloit de mon intereſt propre,& ſi les vaiſſeaux eſtoient à moy, comme ils ſe trouuent le plus ſouuent vuides & ſans charge, à cauſe du peu de volume & du peu de place qu'occupent les marchandiſes qu'on enuoye icy, & qu'on en rapporte, ie les enuoyerois en la Mer Rouge, quand meſmes il ne ſe trouueroit point de marchandiſes pour les charger, ny de gens pour les fretter. Il y a mille bonnes fortunes à courir dans cette Mer ; vous auez icy deux vaiſſeaux qui ont eſté pris depuis qui y ſeroient fort propres ; & quand vos vaiſſeaux ne feroient autre choſe que d'en rapporter les marchandiſes que vous auez au Mocca & aux autres Ports de cette Mer, ils gaigneroient bien la dépenſe de leur voyage. I'ay troué Steel,Kerrigde, & les autres fort perſuadez de leurs imaginations. Il me ſembla meſmes qu'ils auoient oublié le reſpect qu'ils me deuoient. Ce dernier eſt tous les iours aux eſpées & aux couſteaux auec le Miniſtre. Ie me mis en debuoir de les accommoder ; mais pour ce qui eſt de ſa femme ie luy en parlay clairement, & ie luy dis qu'elle ne pouuoit pas demeurer dans le Païs ſans nous attirer des affaires, & eſtre cauſe de ſa ruïne ; Qu'il falloit la renuoyer en Angleterre, autrement ie ſerois obligé de prendre quelque reſolution ſur ce ſujet contraire à mon humeur ; & l'ayant rendu capable de ces raiſons, ie repreſentay auſſi au Capitaine Tannerſon le peu d'apparence qu'il y auoit de retenir la ſienne dans le Pays. Vous ne ſçauriez croire combien ſont grandes les ſuittes que la permiſſion de ſemblables choſes attirent apres elles ; il me ſemble fort diſpoſé à ſ'en retourner, & pour cét effect i'eſcriuis à voſtre principal Facteur qu'il ſe chargeaſt des marchandiſes qu'il auoit apportées, & qui eſtoient bornées pour le pays ; & que pour payement il luy en donnaſt vne lettre de change, auec le profit qu'il en pouuoit raiſonnablement eſperer.

Ie

Ie treuue dans voſtre lettre vn ordre bien exprés contre le commerce des particuliers, auſſi bien à l'eſgard de ceux qui ſont employez à voſtre ſeruice, que des autres. Ie vois bien par là que voſtre penſée n'eſt pas qu'on accorde à ces derniers venus toute la liberté qu'ils ſe promettent.

Les marchandiſes qu'à Tovverſon vallent plus de quatorze ou quinze mille liures, & celles de Steelle vne fois autant ; & cependant il pretend que renuoyant ſa femme en Angleterre, & vous déliurant ainſi de cét embarras, le merite de cette action, & ceux qu'il a acquis au ſeruice de la Compagnie, luy doiuent faire eſperer quelque grace. Pour moy ie ne m'en veux point meſler, mais bien donner ordre que l'on vous enuoye vn memoire cacheté de l'eſtime qui a eſté faite de ſes marchandiſes de Steelle, vous laiſſant ainſi la liberté de luy en donner ce que vous voudrez. Vous oſtez le courage de vous bien ſeruir à tous vos vieux ſeruiteurs : Quelques-vns obtiennent de vous tout ce qu'ils veulent par de belles paroles, les bonnes actions des autres n'empeſchent point qu'ils ne ſoient refuſez en toutes ſortes de rencontres. I'en pourrois nommer quelques-vns qui ſont partis d'icy depuis deux ans, qui ne prenoient point autre ſoin que de faire valloir leur propre capital, & qui jouïſſent maintenant dans leurs maiſons d'vn bon eſtabliſſement qu'ils ſe ſont faits. D'autres qui ont fait fortune en traficquant auec les deniers de la Compagnie de port en port, & qui ſont retournez en Angleterre auec de grandes richeſſes, ſans iamais les auoir fait rechercher de la maniere dont ils les ont acquiſes.

L'année paſſée vn de vos Mariniers auoit pour ſa part vingt-ſix balots d'Indigo : I'en ay veû vn autre qui auoit ramaſſé toutes ſortes des plus riches marchandiſes qu'on apporte des Indes. Vn troiſiéme cinq ou ſix iours deuant que partir, employa plus de ſix mille eſcus pour ſon compte : Et comme il en acheptoit auſſi tous les iours pour le compte de la Compagnie, il y a grand ſujet de croire qu'il ne prenoit pas les plus mauuaiſes pour luy. I'écriuis à Pring, & luy manday qu'il fiſt vn Inuentaire de tout ce qui s'eſtoit trouué dans les vaiſſeaux de guerre, & de vendre & diſpoſer de ces vaiſſeaux ſelon l'occaſion;que l'argent qui en reuiendroit ſi on les vẽd en ſera mis auec vôtre capital, qu'il donne paſſage à quelques-vns des officiers de ces deux vaiſſeaux,d'entretenir le reſte,& de les rẽuoyer,pour ce qui eſt de la deciſion de leurs affaires, à la Compagnie ; diſant que vous traitterez en Angleterre auec ceux qui ont fait l'armement de ces vaiſſeaux. Mon opinion eſt qu'ils ſont de bonne priſe, que leurs biens doiuent eſtre confiſquez. Si vous leur voulez rendre quelque choſe, ils le doiuent receuoir comme vne courtoiſie que vous leur ferez:Enfin vous ne les ſçauriez traitter auec trop de rigueur; plus elle ſera grande, & plus grãd ſera l'exemple du traitement que meritent de ſi dangereux pirates. Car ſi vous permettez ces courſes & piratteries, vous pouuez dire adieu au commerce de Surat, & à celuy de la Mer Rouge. La Compagnie du Leuant en ſouffrira de ſon coſté ; le Turc ſ'en vengera ſur eux, & nous ſerons expoſez icy à vn pareil traittement. Le 6. i'allay trouuer Aſaph-Can, apres auoir receu ſon Paſſe-port ; Ie luy monſtray les Perles, conformément à la promeſſe que ie luy en auois faite ; il me dit qu'elles n'eſtoient pas propres pour ces pays-là, comme ie l'appris depuis des autres : neantmoins cette exactitude à tenir la parole que ie luy auois donnée luy plût tant,que ie croy pouuoir dire comme Pharaon, cette terre eſt à voſtre diſpoſition, demeurez y à l'endroit où vous voudrez auec tous vos gens. Nous ne parlâmes point du prix de la groſſe perle ; il me promit de me garder le ſecret ; m'aſſeurant que pour l'amour de moy,& de la confiance que i'auois euë en luy, il en donneroit dauantage qu'elle ne valoit, qu'il la payeroit en argent comptant, qu'il en auoit beaucoup, & que meſme il m'en preſteroit ſi i'en auois affaire. Enfin iereceus de luy toute la ſatisfaction qu'on peut receuoir en paroles, & auec cela quelques bons effects.

Quand les Preſens & vos Vaiſſeaux arriueront, ie vous aſſeure que ſi ie ſuis liberal, ce sera pour vostre profit, & à bonnes enseignes. Asaph-Chan m'aduertit luy-mesme qu'il y auoit en ce pays peu de difference entre donner ou vendre. Les experiences qu'en ont fait les autres m'ont fait approuuer cette doctrine. Apres cette confidence qu'il me fit dans la chambre où estoit son lict, il se leua pour aller dîner, & me pria d'en estre, auec ceux de ma suite : On seruit vne table à part pour moy ; car ils font scrupule de manger auec nous.

Le Mogol fait racheter les criminels par les plus grands de sa Cour.

Ie ne sçaurois m'empescher de faire icy mention d'vne bassesse ou d'vne faueur, comme on la voudra appeller, que le Roy fait en ce Pays-cy, quand les prisons sont pleines de criminels. Il commande que l'on en execute quelques-vns ; il enuoye les autres aux principaux de sa Cour, afin qu'ils les rachetent, & qu'ils payent le prix auquel ils sont taxez. Il croit en cela leur faire vne grande faueur, leur donnant, ce disent-ils, le moyen d'exercer leur charité : mais il prend l'argent, & ainsi il fait trafic de leur vertu. Vn mois enuiron auparauant le voyage, il m'enuoya trois criminels qu'il supposoit estre Chrestiens, afin que ie les rachetasse de la somme de cinquante écus chacun. Ie répondis que ie ne pouuois pas achepter des hommes pour en faire mes esclaues, comme d'autres faisoient, tirant profit d'vn commerce inhumain ; mais que par charité ie donnerois vingt escus de chacun de ces miserables pour leur sauuer la vie, & les mettre en liberté. Le Roy prit en bonne part cette response, & commanda qu'ils me fussent enuoyez : il s'attendoit que ie luy enuoyasse de l'argent. De mon costé, comme ie n'en entendois point parler, i'esperois qu'il l'auroit oublié, & ie n'auois point de haste de l'enuoyer. Vn soir les officiers du Roy amenerent les prisonniers chez celuy qui faisoit mes affaires, & prirent de luy vne promesse de soixante escus, ie la payay à mon retour, & ie les mis en liberté.

Le 10. ie visitay Asaph-Chan, sur ce que i'auois appris que l'on auoit deffendu à nos gens de tenir des Vaisseaux à terre, & cela sur vn auis qu'on auoit donné au Prince que nous auions dessein de bastir vn fort à Svvally, & que nos vaisseaux estoiét chargez de briques & de chaux pour ce dessein. Ce soupçon leur vint de ce qu'on auoit mis tous les gens de l'equipage à terre, pour nettoyer le fonds de calle du vaisseau. Ils en prirent l'allarme si chaude, que i'eus ordre d'aller à la Cour pour me iustifier. Ie leur representay que cette peur estoit ridicule, qu'il estoit mesme hôteux de l'auoir euë; que cette place n'estoit point propre pour nous, sans eau, & sãs havre. Ils en auoient neantmoins conçeu vne telle jalousie, à cause que j'auois demandé peu de temps auparauant vne riuiere qui pouuoit seruir à ce dessein, que i'eus toutes les peines du monde à en guerir l'esprit du Roy. Vous pouuez voir par là si il seroit facile d'obtenir d'eux vn fort, qui d'ailleurs vous seroit inutile, & que vous ne pourriez pas deffendre. Toutes les remonstrances que ie peûs faire n'empescherent pas qu'ils n'enuoyassent vne compagnie de caualleric pour faire démollir vn four à brique qui estoit là proche. Ils desarmerent nos gens, les armes neantmoins ne furent point mises ailleurs que dans la Doüane, & on ne les osta qu'à ceux de l'equipage. Ie dis à Asaph-Chan que nous ne pouuions souffrir l'esclauage, ny demeurer dans vn pays, où vn iour le Prince enuoyoit son Firman, afin que nous y fussions bien traittez; & le reuoquoit le lendemain; quil n'y auoit ny fidelité ny hõneur en ce procedé, & qu'on me blâmeroit si i'y demeurois dauantage. Il me dit qu'il le representeroit au Roy le soir en presence du Prince, & qu'il m'en feroit sçauoir la réponse.

Le 30. il me compta merueilles de l'affection que le Mogol témoignoit auoir pour le Roy mon Maistre, pour ceux de nostre Nation, & pour moy en particulier. Il adjousta qu'il s'estoit mis en hazard de perdre la faueur du Prince pour l'amour de nous ; qu'il seroit bien-tost en estat de nous rendre d'autres seruices, estant sur le point d'auoir la Priganie de Surat ; que le Prince estoit obligé de quitter à cause qu'on luy auoit donné le Gouuernement de Amandauat, de Cambaya ; & pour me faire connoistre qu'il agissoit de bonne foy, il me

Priganie, mot Persan ou Indien, dont on n'a pû sçauoir la signification.

pria de me trouuer ce soir-là chez le Roy, de luy porter la lettre de mon Maistre traduite en Persan; que l'occasion estoit fauorable, me chargeant sur tout de continuer à faire des plaintes, & de témoigner que ie voulois prendre mon congé; que ie verrois, si il faisoit son deuoir.

Sur le soir ie fus chez le Roy. I'y trouuay toute sa Cour; ie luy presentay ma lettre, laquelle on mit deuant luy, mais comme il auoit d'autres affaires, il n'y fit pas grande reflexion. Asaph-Chan parla à Ethimon Doulet son pere à l'oreille, le priant de lire la lettre, & de nous estre fauorable, pource qu'il estoit plus à propos qu'il fist cette ouuerture que luy. Ethimon prit les deux lettres, il presenta celle qui estoit en Anglois au Roy, & leut la traduction. Le Roy s'arresta principalement sur l'endroit de la lettre qui parloit de la paix auec les Portugais. Il demanda si le Roy d'Angleterre vouloit en effect la Paix. Ie dis qu'il y auoit long-temps qu'on s'en estoit remis à luy, & que l'on esperoit qu'il en seroit l'entremetteur. Il dit qu'il vouloit nous mettre d'accord, & nous faire viure en paix dans ses Mers; qu'il respondroit au Roy d'Angleterre, & qu'il satisferoit de mesme à toutes les autres articles de cette lettre. Ces bonnes paroles ne m'empescherent pas de luy demander mon congé pour retourner en Angleterre. Le Roy & le Prince entrerent en dispute sur ce sujet. Le Prince se plaignoit qu'il ne tiroit aucune vtilité du sejour que nous faisions à Surat, & que pour luy il estoit content que nous en sortissions. Asaph-Chan prit la parole, & dit hardiment au Roy que nostre commerce apportoit beaucoup de profit à son Royaume, & contribuoit mesme quelque chose à sa seureté; que les officiers du Prince nous traittoient fort mal, & qu'il n'estoit pas possible que nous y demeurassions dauantage si on n'y apportoit quelque remede: Que sa Majesté feroit mieux de nous donner nostre congé, que de nous retenir pour receuoir à toutes heures de nouueaux mécontentemens; qu'il en faudroit venir là à la fin. Le Prince respondit tout en colere, qu'il ne nous auoit iamais fait de tort, & qu'il nous auoit encore dernierement accordé vn Firman par son entremise. Il est vray, repliqua-t'-il, vous leur donnastes vn Firman tel qu'ils le pouuoient souhaiter, & dix iours apres vous en enuoyastes vn autre pour le reuoquer; que la confusion de ce manquement de parole retomboit sur luy; qu'il ne me deuoit rien, ny moy à luy; qu'il parloit sans interest; qu'il ne consideroit rien en cét affaire que la justice & l'honneur du Roy. Pour le traitement qu'on nous auoit fait, Asaph-Chan s'en rapportoit à moy, qui me plaignois souuent que nos marchandises auoient esté prises par force depuis deux ans; que nous n'auions iamais pû nous en faire payer, & que ses officiers vsoient tousiours de la mesme vexation à l'arriuée de chaque flote; que si le Prince estoit las de nous, il feroit mieux de nous chasser; & qu'il pouuoit bien s'asseurer que nous en tirerions raison sur Mer. Le Prince, disoit-il, ou le Roy, donnent-t-ils à manger à cét Ambassadeur? c'est vn estranger qui suit la Cour à ses despens; si on luy oste par force ses marchandises, & qu'il ne les puisse retirer, ny l'argent qu'elles vallent, comment pourra-t'il viure, & comment pourra-t'il s'entretenir? Cela fut dit auec beaucoup de chaleur, & le Roy repeta deux ou trois fois *force, force*, & fit vne seuere reprimande au Prince. Le Prince entra dans vne longue iustification de toutes les plaintes que ie faisois de luy: Cette rupture ouuerte auec le Prince eut l'effet qu'Asaph-Chan s'estoit imaginé: on nous fit payer tout ce qui nous estoit deû à Surat; & on ordonna à ceux de la Doüane, de nous traiter mieux à l'auenir. Ie suis asseuré que si ie n'en fusse venu à vne rupture auec le Prince, ie n'en aurois iamais rien tiré. Ie dis à l'Enuoyé du Prince en presence des marchands Anglois, que si il faisoit aucune violence où à moy ou à mes marchands, il luy en cousteroit du sang; que ie mettrois toute ma boutique sur ses vaisseaux; que ie prendrois mesme dans ses Ports, & que ie les emmenerois en Angleterre.

Il a dit en vn autre qu'il auoit esté caution des choses que le Prince auoit promises.

Le 30. Ianuier les Holandois vinrent à la Cour auec vn riche Present de curiositez de la Chine. On ne leur permit pas d'approcher la troisiesme balustrade. Le Prince me demanda qui ils estoient. Ie luy dis qu'ils estoient Hollandois, & qu'ils demeuroient à Surat. Il me demanda s'ils estoient nos amis. Ie luy dis que c'estoit vne nation dependante du Roy d'Angleterre qui n'estoit pas bien receuë par tout; que pour l'affaire qui les amenoit là ie ne la sçauois point, puis qu'ils sont vos amis appellez les. Ie fus obligé de les enuoyer querir pour donner leurs presens; on les plaça proche de nos Marchands sans auoir auec eux aucune conference.

Dans l'Original Anglois, il y a le troisiéme degré. Havvkins, dont la Relatiõ suiuera cy-apres, appelle cét endroit de la Cour du Mogol, Red Rayle.

Purchas finit icy les Memoires de Rhoë, & dit que ce qui reste ne regarde que le détail des comptes de la Compagnie, & de leur commerce.

Purchas adiouste : Il n'est pas hors de propos de mettre icy ce que le Sieur Steel dont il est fait mention dans ces memoires, m'a autrefois dit des femmes de ce païs-là. Steel auoit à sa suite entr'-autres personnes vn Peintre : Le Mogol eut la curiosité de luy faire faire son portrait; & comme il ne sçauoit pas la langue du païs, Steel pour luy seruir d'Interprete fut introduit dans l'appartement des femmes du Mogol ; Ce qu'on ne permet iamais à vne personne de son sexe: à l'entrée le chef des Eunuques luy jetta vn drap sur la teste, afin qu'il ne peût pas voir les femmes qu'il auroit peû rencontrer dans cét appartement, où il y en auoit grand nombre. Le hazard ou sa curiosité luy en firent voir quelques vnes. L'Eunuque qui s'en apperçeut luy jetta sur la teste vne autre piece de drap plus épais que le premier. Pour ce qui est de sa femme, elle auoit les entrées plus libres chez Chan-Channa : La fille de ce Seigneur auoit autrefois esté mariée au plus âgé des freres du Mogol; elle estoit alors veufue, & viuoit dans vne grande retraitte : Elle eût la curiosité de voir vne femme Angloise, & son pere pria Steele de permettre que sa femme la fut voir. Elle y fut conduite sur vn charriot fermé de tous costez, tiré par des bœufs blancs, suiuy de plusieurs Eunuques. Elle entra premierement dans vne Cour, au milieu de laquelle il y auoit vn grand quarré d'eau; plusieurs femmes esclaues de toutes sortes de nations estoient assises sur des tapis fort riches autour de ce quarré d'eau; il y en auoit entr'-autres de Negres, qui ne laissoient pas d'estre fort agreables; des blondes, des Indiennes brunes, & toutes esclaues de cette Dame. L'Angloise estant entrée habillée à la maniere de son païs, toutes ces femmes se leuerent & luy firent la reuerence en baissant la teste. L'Angloise fit vn present à cette Dame : car en ce Païs-là on ne fait point de visite sans regale à la personne à qui elle se rend. La fille de Chan-Channa la fit seoir aupres d'elle, & apres vn peu de conuersation on couurit la table; elle commença ainsi à faire amitié auec cette Princesse, qu'elle cultiua depuis par de frequentes visites qu'elle luy rendoit. La Princesse reconnut ses soins, & luy fit diuers Presens, luy donnant souuent des rubis, & autres pierreries qu'elle m'a fait voir à son retour en Angleterre. Son pere Chan-Channa enuoya vn iour son tailleur chez le sieur Steel, qui l'ayant veu vne seule fois, sans prendre autrement sa mesure, luy fit vn habit & vn manteau de drap d'or à la mode d'Angleterre, qui se trouua fort juste, dont ce Prince le regala.

Lettre qui a esté trouuée entre les papiers de Mre Hakluyt, & qui auoit esté tirée du Registre des Lettres de Thomas de Rhoë, Ambassadeur d'Angleterre auprés du Mogol.

Cette Lettre est traduite de l'Anglois.

MONSIEVR,

I'auoüe que i'ay esté long-temps sans vous escrire; mais aussi il ne s'est rien passé depuis mes dernieres lettres, qui m'ait deû obliger à le faire; & quand il y auroit eu en cela quelque manquement de ma part, i'aime mieux en attendre le pardon de vostre generosité, que de vous donner la peine de lire les excuses que ie vous en pourrois faire.

Ie vous diray puisque vous voulez que ie vous dise quelque chose de ce païs, que les peuples qui l'habitent n'ont point de loix escrites. Le Roy regle tout par ordres, & ses Gouuerneurs par l'authorité qu'ils tiennent de luy. Il a la patience vne fois la semaine d'escouter les plaintes de ses sujets, de leur rendre justice, & de prononcer les sentences aussi bien dans les affaires criminelles, que dans les ciuiles. Il est heritier vniuersel des plus riches de ses sujets; ce droit de leur succeder le rēd infiniment riche, & est cause que ceux du païs prennent si peu de soin d'embellir leurs maisons. Ceux qui tiennent les premieres places aupres du Roy n'y sont point paruenus par leur noblesse: la faueur est le seul moyen d'y paruenir, sans que la naissance y entre en consideration: On compte les richesses des plus grands du païs, par le nombre des cheuaux que le Prince leur entretient: la plus grande pension est de douze mil cheuaux, c'est celle des enfans du Mogol, de sa femme, & de quatre autres principaux officiers de sa Cour. Le moindre pensionnaire a l'entretien de 20. cheuaux, ce n'est pas que pas vn de ces pensionnaires soit tenu d'en entretenir ce nombre: Mais le Roy leur assigne autant de terre qu'il en faudroit pour les entretenir s'ils les auoient en effect. On compte la despense de chaque cheual par an à vingt-cinq Iacobus; ces pensions se montent à vne somme immense; elle est prise sur le domaine du Prince qui est si grād, que tous ses sujets en viuent, à l'exception seulement des Marchands, des artisans, & des laboureurs; mais quand ces pensionnaires meurent, les pensions retournent au tresor du Prince, auec les autres richesses que les pensionnaires ont amassé par leur propre industrie. Le Prince laisse d'ordinaire à la femme du deffunct & à ses enfans quelque partie de cette pension, comme seroit celle de cinq cens ou mil cheuaux à ceux dont le pere en auoit six ou sept milles: ainsi il les met en estat de cōmencer vne nouuelle maison, & les aduance suiuant les seruices qu'ils luy rendent, ou selon les presens qu'ils luy font: c'est leur maniere de faire la Cour à leur Prince; c'est à qui luy fera des presens plus magnifiques; iusques là qu'il en reçoit quelquesfois qui valent bien cent mille pistoles.

Outre ses concubines, il a quatre femmes, mais celle des quatre qu'il ayme le plus le gouuerne absolument. Le Roy de Visiapour luy enuoya dernierement vn Ambassadeur, pour luy demander la paix; cét Ambassadeur baissa trois fois la teste iusques contre terre, & luy fit vn present de trente-six Elephans. Il y en auoit deux dont les chaînes & toute la garniture estoient d'or massif, elle pesoit bien en tout huit cens marcs. La garniture des autres estoit d'argent de la mesme façon, cinquante cheuaux richement harnachez, dix leques de Rupias en pierreries, grosses perles & rubis. Chaque leque vaut cent mille roupias, & chaque roupias répont à vn écu cinq sols.

Les Estats du Mogol ont beaucoup plus d'estenduë que ceux du Persan, & sont plus grands ou égaux à ceux du Turc; il est plus riche en argent que le Turc & le Persan ensemble : ces grandes richesses se tirent du reuenu de ses terres, des presens qu'on luy fait, & de la dépoüille de tous ceux qui meurent dans ses Estats. Ils s'estendent du costé de l'Occident, iusques au Sinde; iusques à Candahor, & iusques au mont Taurus vers le Nord du costé de l'Est, iusques aux Frontieres du Royaume de Bengala au delà du Gange, & du costé du Sud, iusques au Royaume de Decan; l'estenduë d'vn bout à l'autre est bien de deux milles milles. Il est vray qu'il y a beaucoup de Roys particuliers enfermez dans cét estenduë, mais ils luy sont tributaires.

Havvkins dit, comme Inoe verra cy-apres, qu'il ne la dépoüille que de ses pensionnaires.

Ranna successeur de Porus.

Ranna qui descend de ce Porus qui fut vaincu par Alexandre, fut dernierement rangé sous sa domination, plustost par accord que par force. Le Mogol l'achepta plustost qu'il ne le vainquit; & cette conqueste au lieu d'augmenter son reuenu, le diminua de la pension qu'il luy donne. I'ay trauersé les Estats de ce Prince; ils sont situez entre la ville d'Asmere & celle de Brampore.

Monumens Antiques.

Chitor en estoit autrefois la Ville principale, elle auoit esté bastie sur le haut d'vne roche ou montagne escarpée. Le circuit de cette montagne est de quinze milles; la ville estoit dans cette enceinte, & ne pouuoit estre abordée que par vn seul chemin; deuant que d'y arriuer, il falloit passer cinq portes admirables pour leur structure; elle est maintenant ruïnée & sans habitans. On y voit les restes de cent Temples, plusieurs tours & de si belles statuës antiques, qu'il n'y a rien en ce genre qu'on leur puisse comparer : En vn mot toutes les villes anciennes de ce païs ont esté démolies, ie ne sçay pas quelle politique, si ce n'est que le Mogol ait pensé qu'il y alloit de sa reputation de laisser dans le Païs des monumẽs de Princes qui n'estoient point du nombre de ses ancestres; si bien qu'en tout le Pays il n'y a pas vne seule maison raisonnable. Entre les Villes qu'il affectionne, Surat est la mieux bastie. Autrefois on faisoit en ces quartiers de fort beaux ouurages; mais l'Art s'en perd tous les iours. Il y a vn reseruoir à Surat, qui est basty de pierre de taille en forme d'vn Poligone qui a plus de cent costez, chaque costé a de longueur quatre-vingt-quatre pieds, & a ses degrez & ses descentes pour les Cheuaux; c'est vn ouurage admirable pour sa grandeur & pour sa structure.

Il faut que ie dise quelque chose de cette Cour, & de la maniere dont j'y viuois. Iamais le Mogol n'a traité Ambassadeur auec plus d'honneur qu'il m'en fit, m'accordant la permission d'y pratiquer les façons de faire de mon Pays; & n'exigeant point de moy les mesmes soûmissions que l'Ambassadeur de Perse auoit esté obligé de luy rendre. Il me donna la bien-venuë deuant que j'eusse commencé à luy parler. Il dit que le Roy d'Angleterre & luy estoient freres, auec beaucoup d'autres paroles de ciuilité. Quand ie fus malade, il m'offrit son Medecin. Il receut auec estime les presents que ie luy fis; & entre-autres, le Carosse luy plût tant, que deux ou trois fois la nuict il se mit dedans, & se fit tirer par quelques-vns de mes domestiques. Il reçoit auec douceur & affabilité ceux qui l'abordent. Il est sans faste. Il tient sa seance hors de son Palais trois fois le iour, en trois differentes places : sur le midy il sort, pour voir le combat des Elephans & des autres bestes : depuis quatre jusques à cinq & six heures, pour donner Audiance; & sur le soir depuis neuf heures jusques à la minuict, auec les principaux Seigneurs de sa Cour, auec qui il passe le temps dans vne grande familiarité. I'eus ma premiere Audiance au Durbal. Il me receut dans vne Cour spacieuse sur vn eschaffaut, comme vn Roy de theâtre. Pour moy, j'estois auec la noblesse sur vne estrade plus basse couuerte de tapis. Il estoit sous vn daiz, & à ses deux costez il y auoit deux hommes assis sur la teste de deux Elephans de bois, pour chasser les mouches qui le pourroient incommoder; ces Chasse-mouches ne sont habillez que de toille, mais leur charge ne laisse pas d'estre considerable dans céte Cour. Les personnes de condition se font porter dãs des Palanquins auec vne grãde magnificence: Quelques-vns ont deux cens, quelques-autres jusques à cinq cens hommes de pied, & quelquefois jusques à deux cens Cheuaux qui les suiuent, auec quatre estendards que l'on porte deuant eux; voila en quoy consiste leur faste. Ils nourrissent leurs Cheuaux fort delicatement: Ils les engraissent auec du beurre & du succre: Ils ne sont pas fort grands. Outre ceux du Pays, il y en a de Perse & d'Arabie que l'on estime infiniment.

I'oubliois de faire icy remarquer la fausseté des Cartes que Mercator & les autres Geographes nous ont données iusques à cette heure de ce Pays. Premierement la fameuse riuiere de l'Inde n'entre point dans la mer à Cambaya; sa principale emboucheure est à Synda; en voicy la preuue. La ville de Lahor est sur le fleuue Indus, & de là il va iusques à Sinda. Quand les eaux sont hautes, les enuirons de Cambaya sont couuerts d'eau iusques à la mer; ce qui a possible donné suiet à l'erreur dans laquelle ils sont tous tõbez. Lahor dans ces Cartes est mal placée; elle est située au Nord de Surat, à la distance de mil milles. La residence ordinaire du Roy est à Agra, qu'ils n'ont point marqué dans leurs Cartes; elle est au Nord Nordeest de Surat, sur vne riuiere qui tombe dans le Gange: le Roy reside maintenant dans vne ancienne ville où il n'y a point de maisons qui ne soient basties de boüe, & qui ne valent pas mieux que les maisons couuertes de chaume de nos paysans. Il n'y a que le Palais du Roy qui soit basti de pierre; les grands Seigneurs de sa Cour viuent sous des tentes, & on bastit en vn moment auec des Roseaux & du mortier, vn appartement où il y a quelquesfois iusques à douze chambres: cette ville est à dix iournées d'Agra; elle en est esloignée de deux cens milles du costé du Nord Nordest; elle est au Nord de Brampore quatre cens cinquante milles. Brampore est à deux cens mille à l'Est; son esleuation est enuiron de vingt-vn degrez. Ie vous ay dit, Monsieur, quelque chose du Pays, & qui peut-estre n'est pas fort considerable. Ie n'ay pas oublié les liures que vous m'auez demandez de pierre d'aimant: Il n'y en a point icy, on les trouue plus loing vers l'Orient, ils n'ont aucune correspondance auec ceux de la Chine; il y a bien des Carauannes qui vont en Perse & en Alep, mais il n'y en a point qui aillent au Catay.

Faute des Cartes de Geographie.

Les nouuelles que nous auons de Perse sont que le Roy a osté l'eau & les rafraichissemens à ceux d'Ormus; Il a chassé de ses terres les Portugais, & a depuis peu mis à feu & à sang le Pays des Georgiens.

L'on dit qu'il a en teste la cõqueste des Vsbecques, qui est vne nation entre Sammarcand & son pays. Il coupa dernierement luy-mesme la teste à son propre fils. Le Mogol le craint, & cette nation guerriere est terrible au peuple de ce Pays, dont la plus grande partie est de Bramens, c'est à dire, de gens d'vne Religion qui ne leur permet pas de tuer la vermine quand elle les mord. Pour les Mogols, sont peuples tout à fait effeminez; le Turc luy enuoya vn Ambassadeur l'année passée, pour le prier de n'assister point le Persan. Il le receut auec toute sorte de demonstration d'estime. Il luy fit la reuerence iusques à terre; & aussi-tost qu'il fut party, il enuoya au Persan trois millions cinq cens mil liures. Ie m'estimerois heureux de pouuoir rendre seruice à vostre Grandeur en Angleterre; car ce pays est si peu agreable, que ie suis mesme las d'en parler; & ie croy que vous aurez le mesme ennuy de lire ce que ie vous en escris: Ie souhaiterois que Vostre Grandeur permît au sieur Hackvvel de voir mõ Iournal; car ie luy en ay promis vn, & n'ay pas le loisir de luy escrire; ainsi auec toutes sortes de respects, & peu de ceremonie, ie finiray, en vous disant que i'espere de retourner bien-tost pour vous rendre de meilleurs seruices; Ie meneray cependant vne vie miserable, puisque dans l'éclat de la place où ie suis, ie suis priué de la conuersation & de la presence des amis que i'aime & que i'honore. Vostre grandeur a bien voulu que la presomption de la mettre de ce nombre, & de me dire son tres-humble seruiteur pour luy faire seruice.

D'Asmere, Ville où se trouue presentement la Cour du Mogol, le 17. Ianuier 1617.

Extrait d'vne Lettre du 23. Nouembre 1616. écrite aux Marchands à la Compagnie des Indes Orientales.

MES TRES-HONOREZ AMIS, I'ay receu vostre Lettre du 22. Octobre 1618. Elle m'a esté renduë par le Capitaine du vaisseau nommé Charles, qui arriua sur la Barre de Surat, auec quatre autres vaisseaux le 26. du present mois : Ie ne doute point qu'on ne vous ait enuoyé vne ample Relation de ce qui s'est passé sur mer pendant leur voyage : Ie vous diray quelque difference qu'il y a dans le rapport que les Portugais ont fait de nostre flotte : ce fut nous, selon leur dire, qui commençâmes le combat ; & comme on n'auoit point enuoyé de Vice-Roy, vn vieux Soldat nommé dom Emmanuel Meneses, qui auoit esté deux fois General de leurs armées, commandoit l'Admiral : Ils adioustent qu'estant percé de plusieurs coups, il eschoüa proche de la côte de Mosambic, & que Menesses est maintenant arriué à Goa : ce recit ne se soustient pas ce me semble ; car ie sçay qu'ils tirerent les premiers coups de canon, & qu'il est impossible de passer d'Agazesia au Mosambic dans vn Canot comme ils supposent que Meneses auoit fait. Il y a aussi peu d'apparence de croire que les Habitans apres les auoir pillez, se soient hazardez à les transporter dans leur Pays ; & quand mesme cela seroit, comment auroit-on pû en si peu de temps auoir nouuelle de Goa de leur arriuée. Mon opinion est, qu'ils conforment leur Relation le plus qu'ils peuuent à la nostre, & que tout ce qui fait la difference est, qu'ils ont de la peine à auoüer la verité : mais enfin, soit qu'ils y soient tous demeurez, ou que leur Vice-Roy soit demeuré dans le combat, qui est la plus grande perte & le plus grand dés-honneur qui leur pouuoit arriuer dans l'Inde. Il n'est pas besoin de vous écrire vn plus long recit de vos affaires, ny les sentimens que j'en ay : I'ay écrit tout ce que j'en pouuois dire dans le Iournal que ie vous ay enuoyé, auec la copie des Lettres addressées à vos Facteurs, dans lesquelles j'ay traité & éclairey ce qui regarde vostre commerce & vos interests en ces quartiers : Mais parce qu'à mon arriuée à ce Pays, ie m'arrêtay au rapport de quelques personnes, lesquels j'ay trouué depuis sans fondement, & qu'il y a quelques poincts qui n'ont pas esté bien éclaircis dans mon discours general. Ie les parcoureray tous icy en peu de mots ; car ie souhaite fort que vous puissiez entendre vne fois pour toutes, l'estat de vôtre cōmerce; cōment il le faut establir & le gouuerner, de peur que sur d'autres rapports vous ne vous engagiez à des dépenses inutiles, & ne tombiez dans de grosses fautes & des pertes considerables. L'offre d'ayder le Mogol, ou de conuoyer ses Sujets jusques à la Mer-Rouge, est vn offre inutile. Ie ne laisseray pas de la faire pour marque de vostre affection ; mais quand ces gens-cy n'ont point besoin des offres qu'on leur fait, ils les regardent comme vn mâtin regarde du pain quand il en est saoul. Ce Roy a la paix auec les Portugais, & ne leur fera point la guerre que nous ne les ayons déplantez des places.

Tant qu'ils seront en paix, ils se mocqueront de vostre assistance ; quād la guerre les presseroit, ils n'oseroient se mettre sous la protection d'vn Estranger ; & pour rien du monde, ils ne la voudroient payer. Il faut se desabuser de toutes les pensées que vous pouuez auoir de faire aucun trafic autre part que dans ce Port, ce sera assez que vous soyez en estat de vous y pouuoir deffendre : Quelque seruice que vous leur puissiez rendre, ils ne vous en seront iamais obligez ; Ils vous craindront tousiours, & ne vous aymeront iamais. Pour ce qui est d'auoir icy vn Resident pour vos affaires, c'est vne dépense qu'il faut continuer aussi long-temps que vous serez en guerre auec les Portugais : les autres dépenses, vous les pouuez retrancher comme inutiles, elles peuuent mesme vous apporter du prejudice.

Pour

Pour ce qui est d'vn Fort, i'ay crû à mon arriuée que c'estoit vne chose fort necessaire; mais l'experiéce m'a fait voir depuis que c'estoit vn grãd auãtage d'auoir esté refusé alors. S'ils me l'offroient maintenant, ie ne le voudrois pas accepter. Premierement aux lieux où se rencontre la commodité des riuieres dont on vous a parlé, le pays est desert, & l'on n'y peut negocier ny cõuerser. Les passages qui sõt les plus aisés, sõt tellemẽt rẽplis de voleurs, que l'authorité mesme du Roy ne les en a pû chasser. La force des mõtagnes où ils demeurent les asseure cõtre les desseins que l'on peut faire sur eux; & s'il y auoit des lieux propres pour le trafic, ceux du païs les auroient pris. Ces peuples sentent tous les iours l'incommodité qu'ils reçoiuent d'auoir vn havre qui n'est point habité; ce seroit ce me semble vne assez forte raison pour faire voir que le lieu que l'on vous a proposé n'y est pas propre, puis qu'ils ne s'en seruent point; & quand mesme le havre auquel vous pensez seroit fermé de murailles; il n'est pas aisé de diuertir le commerce, & le tirer d'vn lieu où les marchands ont accoustumé de trafiquer, lors principalement que le trafic est de marchandises qui se vendent en détail. L'autre raison est que la dépense seroit plus grande que la qualité de vostre commerce ne la peut porter; & le payement d'vne garnison absorberoit tout le profit de vostre commerce. Cent hommes ne suffiroient pas pour deffendre ce Fort imaginaire.

Les Portugais feront vn extrême effort pour vous en chasser. La guerre & le trafic sont incompatibles selon mon sens; & si vous m'en croyez, vous ne vous hazarderez point à la faire autrement que sur mer, où on peut aussi-tost gagner que perdre; c'est la cause de la pauureté des Portugais. Ils ont à la verité des colonies dans des païs qui sont fort riches, mais les garnisons qu'ils tiennent pour les conseruer en consument tout le profit, quoy que leurs garnisons soient foibles; en vn mot remarquez s'il vous plaist ce que ie vous dis, ils ne profiteront iamais des Indes tant qu'ils seront obligez à faire ces dépenses.

Les Hollandois sont aussi tombez dans la mesme faute, lors qu'ils ont tasché de s'y establir par la force; ils en rapportent vne grande quantité de marchandises, ils sont considerez dans toutes les places, & sont mesme maistres de quelques vnes des meilleures; auec cela leurs morte-payes consument tout le gain d'vn si grand & d'vn si riche trafic. Il est certain que s'il y a quelque fortune à faire en ce païs-là, vous la deuez attendre du costé de la Mer, & d'vn commerce paisible.

C'est vne erreur d'affecter d'auoir des garnisons & des places de guerre aux Indes. Si vous auiez seulement à faire la guerre à ceux du païs, peut-estre que cela vous reüssiroit; mais de la faire à d'autres pour leur deffense, ils ne le meritent pas: outre que vostre reputation courroit grand risque. Il est plus aisé de faire vne bonne attaque en ce païs, qu'vne bonne retraite. Il ne faudroit qu'vn mal-heur pour vous faire perdre le credit, & pour vous engager dans vne guerre de beaucoup de dépense, dont le succez seroit incertain; outre qu'vne action si sujette au hazard que sont les euenemens de la guerre ne peut pas estre entreprise auec raison, quand l'éloignement des lieux d'où on peut tirer du secours & du conseil est si grand, qu'il vous expose à vne perte irremediable. Nous voyons tous les iours que ceux qui ont ces auantages-là tout proches, ont bien de la peine à apporter les remedes necessaires. En Mer, vous pouuez prendre ou laisser. On ne publie point vos desseins. La rade de Svvally, & le port de Surat sont les deux places de toutes celles du Mogol qui vous sont les plus propres. C'est vne chose que i'ay bien examinée, & ie croy qu'on ne desaprouuera iamais ce que i'en écris maintenant. Il n'est pas besoin d'en auoir dauantage. Le grand nombre de ports de factoreries & de residences n'augmenteront pas vostre trafic & vostre commerce à l'égal de ce qu'ils en augmenterõt la dépẽse & les charges. On ne trouuera pas en mesme lieu vn port seur pour vos vaisseaux, & vne place propre pour les décharger. La Rade de Svvally dans la saison est aussi seure qu'vn estang. Cambaia, Barochia, Amadauat, & Surat, sont les places du plus grand trafic qui se fasse dans les Indes, & les mieux situées. Vous auez deux difficultez, les Portugais en Mer & le debarquement de vos marchandises. Pour surmonter la premiere, il faut faire en sorte que la charge de vos vaisseaux soit dans vostre Port vers la fin du mois de Septembre; ce que l'on peut faire ayant tousiours des marchandises deuant soy, ou empruntant de l'argent pour trois mois. Ainsi vous pouuez charger & décharger en mesme temps en vne saison fort propre pour retourner en Angleterre, & vostre ennemy n'aura pas le temps ny la force de vous faire du mal; car à peine pourra-t'il arriuer en ce temps-là; ou s'il a pris ses mesures de plus loin, nous en aurons esté auertis.

Et pour le second poinct qui est de charger les marchandises sans courir le danger des fregates, & pour épargner la dépense du charroy par terre, il faut que vous enuoyez vne pinasse de soixante tonneaux, auec dix pieces de Canon, qui prenne sept ou huit pieds d'eau, afin qu'elle demeure dans la riuiere qui est entre Svvally & Surat, pour asseurer le passage de vos marchandises qui seront ainsi en seureté, & qui demeureront à la Doüane à vostre dispositiō. Elle seruira de Magazin, d'où vous les pourrez transporter où il vous sera plus commode. Les marchandises que vous cherchez principalement sont de l'Indigo, & des étoffes de cotton. Il n'y a point de place qui soit également propre pour l'vn & pour l'autre. Enfin il faut chercher celle où il y a moins d'inconuenient. I'en dis mon opinion & mes raisons dans le discours que i'ay fait à vos Facteurs. Quelques-vns peut-estre y seront contraires, mais ie ne me trompe point, ie n'ay aucun dessein particulier d'auoir des Facteurs à ma disposition, ny d'auancer ou employer mes amis, & encores moins d'ambition d'auoir des gens au dessous de moy.

Il me seroit bien plus facile de faire connoistre à la Compagnie toutes les fautes qu'on a faites par le passé que d'y remedier. La Riuiere de Sinda dont vous me parlez est tenuë par les Portugais, & quand mesme elle ne le seroit point, elle n'est ny plus propre au commerce, ny plus seure que celle de Surat. Vos Facteurs m'ont enuoyé quatre ou cinq articles de vos lettres qui regardent la Perse & le dessein de faire bastir vn Fort & vne colonie à Bengala, ce qu'ils iugent de nul vsage. Ils ne m'ont fait sçauoir que cette partie de toutes les propositions dont vous leur auez écrit, & de tous vos desseins. Ie feray ce qui dépendra de moy, pour aduancer vos affaires à la Cour; mais ie veux que vous voyez dans mon journal & dans mes lettres comment ils en vsent enuers moy, ce que ie ne puis attribuer à autre chose qu'à quelque jalousie que vous auez euë de ma conduite, mais qui vous coûtera bien cher. Pour ce qui est d'établir icy vostre commerce, ie crois auoir assez de credit pour obtenir du Roy tout ce que vous pourrez raisonnablement souhaitter; & quand il m'aura promis vne fois vne chose, la consideration de vos vaisseaux l'obligera à vous tenir parole. Vous n'auez pas besoin d'vne si grāde faueur à la Cour cōme vous vous l'imaginez. Il faut que vous aportiez icy d'autres marchādises. Ne vous laissez point tromper à ceux que vous employez. Le drap, le plomb, l'yuoire & le vif argent sont les meilleures marchādises pour ces quartiers, & le seront tousiours: j'ay souffert l'année passée beaucoup de trauerses de Sultan Coronne qui a le gouuernement de Surat. Ie n'ay pas peu obtenir que le Traité pour le Commerce fust dressé auec des conditions égales pour les deux Nations. Le manquement de presens m'a fait perdre vne partie de la faueur que i'auois à la Cour. Ie n'ay pas laissé d'en tirer vne grande partie de ce que ie desirois, & quelque satisfaction sur toutes les extorsions & auanies qu'on nous auoit faites par le passé. Ie tâcheray de rendre nos conditions meilleures en l'absence du Prince, & de faire vn nouueau Traité, en donnant au Mogol les premiers presens que vous m'enuoyerez.

Purchas marque icy qu'il n'a pas fait imprimer le reste de cette Lettre, à cause qu'elle ne contient que les choses qui regardent le détail des affaires de la Compagnie Angloise des Indes Orientales.

ADDITION DE PVRCHAS.

CET Ambaſſadeur en partant demanda au Mogol vne recommandation auprés du Roy d'Angleterre ſon maiſtre, il l'obtint aiſément : mais le Mogol ſe trouua embaraſſé de l'endroit où il deuoit mettre le ſceau de ſa lettre; en le mettant au bas, il croyoit faire quelque choſe indigne de luy ; ſ'il l'euſt mis au haut, il ſ'imaginoit que le Roy d'Angleterre auroit peû ſ'en offenſer; il ſe reſolut d'vſer de temperamment. Il donna la lettre ſans eſtre ſcellée, & ſon grand ſceau à part, afin que Sa Majeſté d'Angleterre, diſoit-il, le mit où il luy plairoit. Ce ſceau eſt d'argent, l'empreinte contient la Genealogie du Mogol depuis Temur-lam, dans des cercles ſeparés; vous le pourrez voir cy-deſſus dans la Carte que Rhoë a fait faire des Eſtats du Mogol.

Extraict d'vne Lettre du 30. Octobre 1616.

LE Mogol d'aujourd'huy eſt d'vne humeur fort douce & bien-faiſante; mais d'vn autre coſté nous auions de continuels démeſlez auec vn de ſes fils, fier, intraitable, & entre les mains de qui il ſ'eſt défait de tout ſon pouuoir & du gouuernement de ſes Eſtats, dont il n'eſt pas capable. Il eſt maiſtre du Port où nous trafiquons, & nous donne mille trauerſes; il a vne ambition ſi déreglée, qu'il ne voudroit pas que ie reconnuſſe ſon pere, que ie m'adreſſaſſe à luy, ny que ie luy fiſſe aucune priere ny aucun compliment; il voudroit qu'on rendiſt à luy ſeul ces defferences, ce que ie n'ay iamais voulu faire, & ie me maintiens dans cette pretention par la confiance que me donne ma qualité, & par la faueur du Roy; vn Ambaſſadeur qui ſera en céte Cour, qui cõnoiſtra l'obligatiõ de ſa charge, & qui voudra ſoûtenir l'hõneur de ſon Maiſtre, & ſon rang, fera pluſtoſt des ennemis, qu'il n'y acquerrera des amis. Les Indiens ſont trop fiers pour ſouffrir icy des égaux; les perſonnes & les qualitez ne ſont eſtimées que ſelon la dépenſe que l'on y fait; tellement que pour fournir à celle qu'il faudroit faire pour ſoûtenir celle d'Ambaſſadeur en cette Cour, il couſteroit beaucoup plus que le peu de profit de noſtre commerce ne permet d'y dépenſer : Et d'autre coſté celuy qui manquera à faire céte dépenſe fera tort à ſon rang, & tombera dans le mépris. Ie fais tout mon poſſible pour le ſouſtenir, auec le peu de moyen que i'en ay; mais ie ſuis d'opinion qu'vne perſonne qui pourroit diſſimuler & ſouffrir quelques affronts, ce que le rang d'Ambaſſadeur ne permet pas de ſouffrir ſeroit plus propre qu'vn Ambaſſadeur; ie croy que le Roy d'Eſpagne ne ſe reſoudroit iamais d'en enuoyer en ces quartiers, connoiſſant bien qu'il n'y ſeroit pas receu auec l'honneur qui eſt deub à ſa qualité: Et pour moy ie tiens qu'en retournant en Angleterre, & en dõnant à la Cõpagnie les auis des choſes que i'ay cõnuës par experiẽce, ie la ſeruirois plus vtilemẽt, qu'en demeurãt icy. Pour ce qui eſt de la Perſe, le Turc a fait vne brauade, les Paſſages ſe ſont trouuez occupez; & le Roy de Perſe ayant fait aduancer ſon armée juſques ſur les frõtieres, prit occaſion de dõpter vne Nation qui ſ'eſtoit reuoltée, & qui eſt à l'Eſt de Babylone Les peuples de céte Nation ſe nomment Curdes : Ie ne ſçay pas où les Geographes mettent leurs Païs, ny ſous quel nom ils ont eſté connûs par les anciens. Le ſieur Robert Sherly ayant employé beaucoup de temps à paſſer à Goa, a perdu l'occaſion de ſe pouuoir embarquer ſur la flotte qui alloit à Liſbonne, & il ſera obligé d'y demeurer encore vn an; tellement que ſa negociation n'ira pas ſi viſte que ie l'apprehendois, & nous aurons le temps d'y trauailler, ſelon les ordres que vous nous enuoyerez d'Angleterre, ou ſelon l'intereſt des marchands que cét affaire regarde principalemẽt. Il eſt arriué icy vn Ambaſſadeur de Perſe; il ne nous a pas appris beaucoup de nouuelles ; car il y a neuf mois qu'il eſt party de ſon païs. Ses preſens ſont magnifiques : En faiſant la reuerence au Mogol, il ſe proſterna à terre, & la heurta de ſa teſte, dont ie croy que ſon maiſtre ne l'aduoüera point, ſi ce n'eſt qu'il luy ait commandé expreſſement d'en vſer ainſi pour flatter le Mogol par cette ſoûmiſſion, & le rendre plus facile à luy accorder le ſecours d'argent qu'il luy demande pour faire la guerre au Turc. Il a fait la meſme choſe pluſieurs fois en d'autres rencontres : On dit auſſi qu'il eſt venu pour eſtre mediateur de la Paix entre le Mogol & le Roy de Decan, de qui le Roy de Perſe prend la protection, à cauſe de la jalouſie qu'il a du trop grand accroiſſement de cét Empire. Ie croy qu'on le contentera auec de l'argent, & qu'il ſouffrira qu'on dépoüille ſes alliez : On ne luy a point donné le rang que i'ay tenu dans céte Cour, & que ie me conſerue mal-gré beaucoup de gens. Le Roy meſme ne receut point ſes lettres auec les demonſtrations d'eſtime qu'il fit paroiſtre en receuant celle du Roy, & en parlant du Roy de Perſe il ne le traitta iamais de Majeſté comme il auoit pluſieurs fois traité le Roy d'Angleterre, ce que i'obſeruay auec beaucoup de ſatisfaction : il auoit à la verité quelques aduantages ſur moy, car il parloit la langue du Pays; les Eſtats de ſon Prince en ſont voiſins. Il auoit des amis en céte Cour. Le Roy eſt preſt de marcher du coſté de Decan. Son fils doit commander ſon armée, & nous aurons beaucoup de fatigue à ſouffrir à la ſuite de la Cour. Noſtre flote de cette année 1616. rencontra en ſon chemin vne carraque qui alloit à Goa ; elle la rencontra proche de l'Iſle de Mozalia ſous le douziéme degré de latitude Septentrionale, la ſalüa, & luy rendit la ciuilité qui ſe pratique en mer.

Les Portugais au contraire leur tirerent huict coups de canon; les noſtres ne refuſerent point l'occaſion la combattirẽt, l'obligerent de ſ'échoüer à terre, & de ſe brûler elle-meſme. Elle eſtoit de 1500. tonneaux, & il y a apparence que le Vice-Roy qu'on attendoit à Goa a pery auec elle, ce qui eſt vne des plus grãdes pertes & des plus grandes diſgraces qui ſoit iamais arriuée aux Portugais en ces quartiers, & vne iuſte recompenſe de leur temerité & inſolence. Le Commandant des Anglois y fut tué, celuy qui luy ſucceda fut eſtropié ; Voila ce que ie vous puis dire des affaires de ces quartiers; il faut que ie diſe maintenant quelque choſe de celles qui regardent le ſpirituel, ſi vous voulez auoir la patience de les lire.

Deuant que Temur-lam eût inondé ces Païs, ils eſtoient gouuernez par diuers petits Princes qui n'auoient aucune Religion ; mais chacun vne idolatrie particuliere, adorant diuerſes ſortes de creatures ; les deſcendans de Temur-lam apporterent dans le Pays la connoiſſance du Mahometiſme, mais ils ne forcerent perſonne à le receuoir, laiſſant aux peuples conquis la liberté de conſcience tellement, que ces eſtrangers ſ'appellerent Mogols, ou Chefs des peuples circoncis.

Ils ſuiuent Haly gendre de Mahomet, ont leurs Moſquées, leurs Molas, leurs Cheriffes, des vœux, des prieres, & vne infinité de ceremonies. En matiere de penitences, il n'y a iamais eu de religionaires qui en ayent fait de plus auſteres ; ceux d'entre-eux qui ont voulu paſſer pour Saincts, ont ſouffert des pauuretez volontaires, des mortifications, & des auſteritez extrêmes.

Il y a vne grande diuerſité entre les Sectes des Gentils ; quelques-vns ſont vaillans, bons ſoldats, boiuent du vin ſans ſcrupule, mangent de la chair de porc, & adorent la figure d'vne beſte. Il y en a d'autres qui ne veulent point manger de viande ſi elle n'eſt ſanctifiee auparauant à leur mode : D'autres n'en veulent point manger du tout ; quelques-vns feroient ſcrupule de tuer la vermine lors meſme qu'elle les incommode. Il y en a qui ne voudroient pas auoir beû dans vn verre, ou d'autres qui ne ſeroient pas de leur Religion auroient beû. Ils ont la ſuperſtition de se lauer souuent. Ils attribuent tous vne espece de diuinité à la riuiere du Gange, & dans vne mesme saison de l'année, on les void quelquesfois au nombre de quatre ou cinq cent mil sur ses bords. Ils y jettent dedans comme par offrande de l'or & de l'argent. Ils font des charitez à leur maniere. I'ay veu vn troupeau de pourceaux dans vn de leurs Temples proche de céte ville, qu'ils nourrissent par principe de charité auec nombre de vaches, & d'autres bestes de toutes sortes. Ils ont des Synagogues, des Prophetes, des Deuins, & tous les autres instrumens des impostures du diable : les Molas de Mahomet ont quelque connoissance de la Philosophie & des Mathematiques : Ils sont grands Astrologues ; ils ont veu quelque chose d'Aristote, d'Euclide, & d'Auerroes.

La langue des sçauans est la langue Arabe. Ces peuples ont esté jusques au temps d'Ecbarsha pere du Roy d'apresent, sans auoir entendu parler de la Religion Chrestienne : Echbar estoit vn bon Prince, & fort équitable, amateur & curieux de toutes sortes de nouueautez. Il auoit de grandes vertus ; principalement vne singuliere pieté & reuerence pour ses parens. Il appella auprés de luy trois Iesuites de Goa, dont le principal estoit Hieronymo Xauier du Royaume de Nauarre. Il prit plaisir à entendre ses raisons & ses disputes ; Il l'obligea mesme d'écrire vn Liure pour la deffense de sa Religion cõtre les Mores & les Gentils. Il le lisoit souuent la nuict ; & enfin le fit examiner, & luy accorda par Lettres Patentes la permission de bastir, de prescher, d'enseigner, de conuertir, & d'exercer toutes les ceremonies de sa Religion, aussi librement qu'il l'eust pû faire à Rome, luy donna de l'argent pour bastir des Eglises : Si bien qu'en quelques-vnes de ces Villes, ils commencerent à auoir plustost des Eglises que des Chrétiens. Dans cette mesme concession, il permet à tous ses Sujets de se faire Chrestiens ; il l'estendit jusques aux Princes du Sang Royal. C'estoit là vn beau commencement, & vn Printemps bien aduancé, pour vne recolte aussi maigre que celle qui s'est faite depuis. Pour luy, il n'a iamais esté fort attaché à la Religion Mahometane, considerant que Mahomet auoit esté vn homme & vn Roy comme luy, & qu'on luy auoit porté respect ; & par cette raison, il s'imagina qu'il pouuoit deuenir aussi grand Prophete que Mahomet. Ce changement neantmoins ne parut pas ; vne certaine bien-seance le retint, & il mourut dans la profession de sa Foy. Son fils, qui regne à present, mit en pratique ce que son pere s'estoit imaginé. Il ne fut point circoncis, & fut éleué sans aucune Religion, & a continué jusques à cette heure dans l'estat d'vn parfait Atheiste. Quelquefois il veut faire la mesme profession que les Mores, & cependant ne laisse pas d'obseruer les iours de Feste des Gentils, & de faire auec eux toutes leurs ceremonies. Il s'accommode à toutes sortes de Religions, & ne témoigne de la haine qu'à ceux qui changent celle dans laquelle ils sont nez. Il est tombé enfin dans les fantaisies de son pere, & a passé mesme plus auant que luy, jusques à se declarer pour le Chef de sa Religion, & pour estre aussi grãd Prophete que Mahomet, il s'est fait vne nouuelle Loy, mélée de toutes les autres. Beaucoup de ses Sujets l'ont receuë, auec tant de superstition, qu'ils ne veulent point manger jusques à ce qu'ils l'ayent salüé le matin. Il se presente pour ce sujet à la pointe du iour, à vne fenestre ouuerte qui a veuë sur vne grande plaine deuant son Palais, où vne infinité de gens l'attendent. Quand les Molas luy loüent Mahomet, il les mal-traite, & au contraire il leur témoigne de la joye quand ils en disent du mal. De Iesus-Christ, il n'en a iamais parlé qu'auec reuerence, ny pas vn de sa Secte ; ce qui est vn admirable effet de la force de la verité diuine. Pour ce qui est des Eglises des nouueaux Chrestiens, il leur confirme & augmente tous les iours leurs priuileges ; Il employe depuis deux ans deux heures de la nuict pour les entendre parler de la Religion Chrestienne, & a dit souuent des paroles qui donnoient esperance de sa conuersion ; mais cela a esté jusques à cette heure sans effet. Il mit quantité de jeunes hommes entre les mains de François Corsi, qui estoit alors Resident du Roy de Portugal, pour les enseigner à lire & à écrire la langue Portugaise, & les instruire dans les lettres humaines & dans la Loy de Iesus-Christ. Ce Iesuite a tenu école quelques années. Le Mogol a enuoyé à cette école deux Princes ses neveux. Ceux-cy ayans esté éleuez & instruits dans la Religion Chrestienne, furent baptizez auec beaucoup de pompe dans la nouuelle Eglise d'Agra, ayant auparauant paru comme en triomphe sur des Elephans par tous les endroits de la Ville : & cela, par vn ordre exprés du Roy, qui prenoit la peine de les examiner souuent sur le progrez qu'ils faisoient, & sembloit en estre fort content. Cela fit que plusieurs suiuirent ce mesme chemin, croyant que le Roy mesme n'en estoit pas beaucoup éloigné. D'autres qui le connoissoient mieux penetrerent qu'il faisoit cela par politique, pour attirer sur ces Princes la haine des Mahometans, qui font la principale force de ses Estats; mais ils se trouuerẽt tous trompez en leurs conjectures, car apres que ces Princes & quelques-autres enfans eurent appris les principes de la Religion Chrestienne, & quelques-vns de ses preceptes; comme de n'auoir qu'vne femme, & de n'en épouser point qui ne fût Chrestiẽne. Le Roy fit demander aux Iesuites par ces Princes, des Portugaises pour femmes. Les Iesuites qui croyoient que cela estoit venu de leur propre mouuement, leur firent quelque reprimende, & ne soubçonnerent rien dauantage; mais comme cette demande estoit le dessein pour lequel le Roy auoit auancé leur conuersion, esperant par ce moyen auoir des femmes Portugaises qu'il souhaittoit fort. Ces deux Princes retournerẽt trouuer les Iesuites, leurs remirent entre les mains leurs Croix, & les autres marques de la Religion qu'ils auoient receuës d'eux, disants qu'ils ne vouloient pas demeurer plus long-temps dans le Christianisme, puisque le Roy de Portugal ne leur enuoyoit ny presens ny femmes, comme on leur auoit fait esperer. Le Iesuite eût quelque soubçon alors, qu'il y eust dans cette affaire quelque chose de plus que ce que ces jeunes Princes ne disoient. La confiance auec laquelle ils faisoient cette declaration, luy donna sujet d'examiner dauantage le motif de cette demande. Il trouua qu'en effet le Roy leur auoit commandé de la faire. Les Iesuites refuserent de receuoir les Croix qu'ils auoient données, disant qu'elles auoient esté données par l'ordre de Sa Majesté, & qu'ainsi ils ne deuoient pas les receuoir que par son ordre : qu'ils les prioient qu'ils s'addressassent au Roy, & que Sa Majesté leur fit entendre sa volonté par la bouche de ceux qui portent ordinairement ses ordres. Les Peres connoissoient l'esprit de ce Prince, & sçauoient fort bien qu'il ne voudroit pas se découurir luy-mesme pour l'autheur d'vn dessein si bas à ses Officiers. Les Princes luy firent le message, il en demeura picqué au vif contre les Iesuites; mais comme il vouloit ruiner cete escole, il leur commanda de faire venir les Iesuites à la porte de son Serail, où il leur fit dire par la bouche d'vne de ses femmes, que c'estoit par son ordre qu'ils changeoient de Religion ; ils sont maintenant Mahometans, sans auoir rien retenu de la profession du Christianisme; ainsi toutes ces belles esperances sont éuanouïes, & quelque diligence que i'aye pû faire, ie n'ay point veu dans le Pays vn seul conuerty que l'on peût dire estre veritablement Chrestien, & fort peu qui en fasse la profession, si ce n'est vn petit nombre qui a esté baptisé pour de l'argent, & est entretenu par les Iesuites : de cette sorte on en pourroit accroître le nombre; mais les Iesuites connoissent la mauuaise foy de ce peuple, & ne peuuent pas fournir a vne despẽse si inutile. C'est là le veritable estat du Christianisme en ce Pays, & celuy de l'Eglise qu'ils ont tasché d'y establir; mais afin que vous puissiez mieux iuger de l'esprit du Roy, & de la conduite des Iesuites, ie vous veux dire ce qui s'est passé depuis peu sur ce sujet, & vous me direz apres s'il y a beaucoup à esperer de la conuersion de ce Prince. Il n'y a pas long-temps que l'Eglise des Iesuites, & leur maison fut brûlée, le Crucifix ne le fut point; ce que l'on publia comme vn miracle, pour moy qui eusse esté bien auifé, que de quelque accident que ce soit, on en eust tiré l'auantage d'estendre la Religion Chrestienne. Ie n'en parlay point. Le Iesuite soupçonnant que ie n'estois pas persuadé de miracle, me dit que la chose estoit arriuée naturellement, & me fit entendre que les Mahometans mesmes sans sa participation, auoient fait passer la chose pour vn miracle, m'aduoüant neantmoins qu'il estoit bien aise d'auoir trouué cette occasion de le faire croire. Le Roi qui ne laisse passer aucune occasion de parler des nouueautez qui viennent à sa connoissance, appelle le Iesuite, & luy fait diuerses questions; le Iesuite respond auec ambiguité. Sur cela le Roy luy demandant si il ne desiroit pas de se conuertir, le Religieux dit que oüy:. Vous me parlez pas, dit le Roy, des grands miracles que vous auez faits au nom de vostre Prophete. Si vous voulez jetter l'image de Iesus-Christ dans le feu en ma presence, & qu'elle ne brûle point, ie me feray Chrestien. Le Iesuite respondit, que cette experience n'estoit pas raisonnable; que Dieu n'estoit pas obligé d'en faire toutes les fois que les hommes luy en demandoient; que ce seroit le tenter; qu'il fait des miracles quand il trouue à propos d'en faire, mais qu'il offroit d'entrer luy-mesme dans le feu pour preuue de la verité de sa Foy, ce que le Roy ne voulut pas consentir.

Ses courtisans en firent grand bruit, & dirent qu'il falloit esprouuer nostre Religion par cette experience; adioustant que si le Crucifix brûloit, le Iesuite seroit obligé de se faire Mahometan. Ce Prince apporta des exemples des miracles qui auoient esté faits dans des occasions moins importantes, que n'estoit la cõuersion d'vn Prince si puissant, que si ceux qui adoroiẽt Iesus-Christ refusoient cette experience, il ne croyoit pas estre obligé de leur adiouster Foy. Le Roy entra dans la dispute; dit en faueur de nostre Religion, que nostre Seigneur estoit vn Prophete; qu'il estoit sans comparaison plus grand que celuy qu'ils adoroient, si l'on en iugeoit par ses miracles, se seruant pour le prouuer de sa Resurrection, ce que pas vn d'eux n'auoit iamais fait. Le Prince repliqua, que d'auoir donné la veuë à vn aueugle, c'estoit vn aussi grand miracle que celuy de la Resurrection. Cette question ayant esté chaudement agitée de part & d'autre, vn troisiéme entra dans la dispute, & dit que le Roy & le Prince auoient tous deux raison; que veritablement donner la vie à vn corps mort, estoit le plus grand de tous les miracles; mais de donner la veuë à vn homme né aueugle, c'estoit la mesme chose, & vne espece de Resurrection.

Ie ne me sçaurois empescher de rapporter encore icy les merueilles du Singe, & ce qui se passa sur ce sujet. Pour ce qui est de la verité du fait, il n'en faut point douter. Vn Charlatan de Bengala, dont il y en a beaucoup icy, presenta au Roy vn grand Singe, disant qu'il estoit diuin. Et il y a en effet en ce Pays des Sectes qui attribuënt à cét animal quelque diuinité. Le Roy se tira du doigt vn anneau, & le fit cacher dans les vestemens d'vn jeune garçon qui estoit là auec douze autres personnes de son âge. Le Singe qui ne l'auoit point veu cacher, l'alla prendre au petit garçon a qui on l'auoit donné. Le Mogol, non contant de cela, fit écrire en douze billets differens, les noms de douze Legislateurs, mettant ensemble ceux de Moyse, de Iesus-Christ, auec ceux de Mahomet, d'Haly & d'autres: & les ayant mélez dans vn vase, demanda à ce Singe laquelle estoit la veritable Loy. Le Singe mit sa main dans le vase, & tira celuy où le nom de Iesus-Christ estoit marqué. Le Roy en fut estonné. Il eust quelque soupçon que le maistre du Singe sçauoit lire les caracteres Persans, & qu'il eust instruit sa beste. Il récriuit les mesmes noms, auec les chiffres dont il se seruoit ordinairement quand il vouloit écrire quelque chose de secret à ses Ministres. Le Singe ne manqua point, il prît vne seconde fois le billet de Iesus-Christ, & le baisa. Vn de ses principaux Officiers en entra en colere; il dit au Roy qu'il falloit qu'il y eût quelque supercherie, & luy demanda la permission de méler vne autre fois les billets, s'exposant à toutes sortes de supplices, si le Singe le trompoit. Il écriuit de nouueau les douze noms; mais il n'en mit qu'onze dans le vase, & retint l'autre dans sa main. Le Singe les toucha tous l'vn apres l'autre, sans en vouloir prendre aucun. Le Roy luy en voulut faire prendre vn; la Beste se mit en furie, & fit entendre par signes à sa mode, que le nom du vray Legislateur n'y estoit point. Le Roy luy demanda où il estoit donc; il courut vers son Officier, luy prit la main dans laquelle estoit le billet écrit du Nom de Iesus-Christ. La chose se passa en presence du Roy, & à la veuë de toute la Cour du Mogol. On interpretera cette Singerie comme l'on voudra; mais pour ce qui est du fait, il est veritable.

www.ingramcontent.com/pod-product-compliance
Ingram Content Group UK Ltd.
Pitfield, Milton Keynes, MK11 3LW, UK
UKHW022100170726
13837UKWH00003B/1018